शरद जोशी

21 मई, 1931 को उज्जैन, मध्य प्रदेश में जन्मे शरद जोशी, होल्कर कॉलेज, इन्दौर के दिनों में ही एक लेखक के रूप में ख्याति प्राप्त कर चुके थे। इन्दौर, प्रसिद्ध 'नई दुनिया' अखबार में 'परिक्रमा' कॉलम से उनकी प्रसिद्धि और लेखक के रूप में पहचान बनी। पहली पुस्तक 'परिक्रमा' (उन्हीं लेखों का समावेश) 1958 में छपी।

उनके दो व्यंग्य नाटक 'अंधों का हाथी', 'एक था गधा उर्फ़ अलादाद खाँ' आज भी देश-विदेश में मंचित हो रहे हैं।

अन्तिम कॉलम 'प्रतिदिन' नवभारत टाइम्स में लगातार 7 वर्षों तक छपा।

शरद जी की 21 पुस्तकें छपी हैं—'परिक्रमा', 'किसी बहाने', 'रहा किनारे बैठ', 'दूसरी सतह', 'मेरी श्रेष्ठ व्यंग्य रचनाएँ', 'यथासम्भव', 'यत्र-तत्र-सर्वत्र', 'यथासमय', 'हम भ्रष्टन के भ्रष्ट हमारे' (चारों भारतीय ज्ञानपीठ से) प्रतिदिन 3 भागों में, 'नावक के तीर', 'मुद्रिका रहस्य', 'झरता नीम शाश्वत थीम', 'मैं, मैं और केवल मैं', 'शरद जोशी एक यात्रा' (अन्य लेखकों के विचार, डॉ. शशि मिश्रा), 'जादू की सरकार', 'पिछले दिनों', 'दो व्यंग्य नाटक', 'राग भोपाली', 'नदी में खड़ा कवि', 'घाव करे गम्भीर'।

सरकारी पुरस्कारों से बचते रहे। मात्र एक पद्मश्री 1990 में उनके खाते में। पी-एच.डी. के घोर विरोधी रहे, आज उन पर ही कई पी-एच.डी. हो गई हैं।

हिन्दी की पहली कॉमेडी Sitcom सीरियल 'यह जो है जिन्दगी' लिखने का श्रेय भी। 'मालगुडी डेज़' (हिन्दी संवाद), 'विक्रम और वेताल', 'सिंहासन बत्तीसी', 'वाह जनाब', 'दाने अनार के', 'यह दुनिया गज़ब की' सीरियल्स भी लिखीं...और 'क्षितिज', 'गोधूलि', 'उत्सव', 'उड़ान', 'चोरनी', 'सांच को आंच नहीं', और 'दिल है कि मानता नहीं' फिल्मों के संवाद भी...!

निधन : 5 सितम्बर, 1991

शरद जोशी

दो व्यंग्य नाटक

राजकमल पेपरबैक्स

पहला पुस्तकालय संस्करण
राजकमल प्रकाशन प्राइवेट लिमिटेड द्वारा
1979 में प्रकाशित

राजकमल पेपरबैक्स में
पहला संस्करण : 1994
बारहवाँ संस्करण : 2023

राजकमल पेपरबैक्स : उत्कृष्ट साहित्य के जनसुलभ संस्करण

राजकमल प्रकाशन प्रा.लि.
1-बी, नेताजी सुभाष मार्ग, दरियागंज
नई दिल्ली-110 002
द्वारा प्रकाशित

शाखाएँ : अशोक राजपथ, साइंस कॉलेज के सामने, पटना-800 006
पहली मंजिल, दरबारी बिल्डिंग, महात्मा गांधी मार्ग, प्रयागराज-211 001
1, अनमोल सोराबजी संतुक लेन, धोबी तलाव, मरीन लाइंस, मुम्बई-400 002
वेबसाइट : www.rajkamalprakashan.com
ई-मेल : info@rajkamalprakashan.com

बी.के. ऑफसेट
नवीन शाहदरा, दिल्ली-110 032
द्वारा मुद्रित

मूल्य : ₹ १९९

DO VYANGYA NATAK
by Sharad Joshi

ISBN : 978-81-267-2059-0

अपनी बात

'अन्धों का हाथी' और 'एक था गधा उर्फ अलादाद खाँ' ये दोनों व्यंग्य-नाटक एक साथ, एक किताब में। देखकर मुझे प्रसन्नता है। पिछले सालों जब देश के कई नगरों में ये दोनों नाटक खेले और सराहे गए तो मुझे भरोसा हो गया कि मैंने इन्हें लिखने में गलती नहीं की है। बरसों से कहानियाँ और व्यंग्य लिखता रहा हूँ, नाटक का शौक बहुत बाद में बना, मगर जब बना तो मन करता है कि सारा बाकी जीवन नाटकों के लिए खपा दिया जाए। बहुत साल पहले कलकत्ता में आयोजित एक कथाकार सम्मेलन में 'अनामिका' के श्री विमल लाठ ने मुझे पहली बार नाटक लिखने के लिए अपने कच्चे-पक्के तर्कों द्वारा उकसाया, मगर मैं बहुत अड़ियल साबित हुआ। कुछ साल बाद भोपाल की ब्रिटिश कौंसिल लाइब्रेरी से मैंने नाटक लेकर पढ़ना शुरू किए। सारी अलमारी पढ़ डालने के पूरे समय मुझे विमल लाठ याद आता रहा जिसकी बात को तब मैंने अपनी कथाकारवाली ठसक में सुना नहीं था। मंच पर लम्बे नाटक मैंने इन्दौर और भोपाल में देखे थे, पर मुझे उत्तेजित करने के लिए वे अपर्याप्त थे और नाटक देखने के लिए मैं दिल्ली, बम्बई भटका और कई सारे हिन्दी, पारसी, मराठी, गुजराती नाटक देखने के बाद मैंने स्वयं को प्रशिक्षित महसूस कर लिया। इसी दौर में ओम शिवपुरी, सुधा, कारन्त, सत्यदेव दुबे, बजाज, रैना, शाह, प्रतिभा अग्रवाल आदि से परिचय हुआ, जिनके साथ मंच के मामले में

कुछ ज्यादा जानने-समझने का मौका मिला। रंगकर्मी दोस्तों का यह संसार बढ़ता गया और मैं खुद को भी अच्छा-खासा रंगकर्मी महसूस करने लगा जबकि इस क्षेत्र में मेरे ठोस अनुभव केवल टिकट बेचने के ही थे। हाउसफुल करवा देना मेरी बड़ी सफलताएँ थीं। लिखने के लिए ये अनुभव क्या नाकाफी है?

मैंने 'अन्धों का हाथी' लिखा और सारे रंगकर्मी मित्रों को उसकी सायक्लोस्टाइल प्रतियाँ भेज दीं। विमल लाठ, बजाज और सत्यदेव दुबे ने खेलने के निर्णय लिये, पर वे परिस्थितियों-वश खेल नहीं पाए। इसी बीच लखनऊ, उज्जैन, भोपाल, दिल्ली, इन्दौर, कानपुर, बड़ौदा, बम्बई आदि की रंग-संस्थाओं ने इसके कई-कई प्रदर्शन किए। भोपाल में राजेन्द्र गुप्त की रिहर्सलों और प्रदर्शनों को मैंने देखा और नाटक को समझने-सुधारने में मुझे मदद मिली। (नाटक के अन्त में सूत्रधार का बयान राजेन्द्र गुप्त ने नहीं रखा था।)

'अन्धों का हाथी' में केवल छह पात्र हैं और कोई सज्जा नहीं, पर अपने दूसरे नाटक 'एक था गधा उर्फ अलादाद खाँ' को मैं बिलकुल दूसरी तरह से लिखना चाहता था। मंच पर भीड़ और गति लगातार रहे, एक लोकनाट्य की उत्सव-मस्ती से इसे खेला जाए। नतीजा यह हुआ कि पात्रों की संख्या बढ़ गई पर उन्हें कम करना नामुमकिन था। कहानी के सूत्र भिन्न केन्द्रों से उभरकर एक दिशा में बढ़ते और फैलते हैं। ज्यादा पात्रों के बिना कैसे काम चलता? एक लोककथा जो मुझे मेरी पत्नी इरफाना ने कभी सुनाई थी, इस नाटक के मूल में है। देश में आपातकाल का डिक्टेटरी वातावरण मेरे मन पर हावी था, नवाब को मैं सामान्य मुगलई थिएट्रिकल भाषा नहीं देना चाहता था, शब्दों की निस्संकोच भरमार से मैं नाटक के वातावरण और गति के लिए पूरी मदद लेना चाहता था।

कलकत्ता में 'अनामिका' द्वारा आयोजित एक शिविर में मैंने 'एक था गधा उर्फ अलादाद खाँ' पढ़कर सुनाया तो सभी रंगकर्मी मित्रों ने इसे पसन्द किया। 'अनामिका' ने श्री विमल लाठ के निर्देशन में इसके

लगातार कई महीनों तक प्रदर्शन किए। श्री सत्यदेव दुबे को सन्देह था कि नाटक की कथा बहुत 'थिन' होने के कारण इसका मंचन सफल नहीं होगा। विमल और दुबे में शर्त लगी थी इस बात पर। विमल जीता। श्री कारन्त ने कहा, शब्द अधिक हैं। मैं इन दोनों मित्रों की राय की बहुत कद्र करता हूँ, पर जिस डिक्टेटर नवाब के मजेदार चरित्र के सहारे यह राजनीतिक व्यंग्य उभरता है उसमें ज्यादा शब्द बहुत सहायक होते हैं। श्री राय बिसारिया ने कथा की गति में आ रहे कुछ अवरोधों को बताया जिसे मैंने सुधार लिया। पिछले दिनों कलकत्ता के अलावा बम्बई, रायपुर व दिल्ली में इसके कई प्रदर्शन हुए तथा अन्य नगरों में खेले जाने की पहल जारी है।

इन दोनों रंगमंच के लिए उपयुक्त, राजनीति से गहरे जुड़े नाटकों को एक साथ देते हुए मुझे प्रसन्नता है। मैं डॉ. धर्मवीर भारती का आभारी हूँ, 'धर्मयुग' में तीन किस्तों में 'एक था गधा' प्रकाशित कर आपने इसे लाखों पाठकों तक पहुँचाया। मैं विशेष रूप से आभारी हूँ कवि-मित्र सूर्यभानु गुप्त का 'एक था गधा' के गीतों की रचना के लिए।

–शरद जोशी

एक था गधा उर्फ अलादाद खाँ

पात्र

अलादाद खाँ	नवाब
कोतवाल	रामकली
जुग्गन धोबी	नत्थू दर्जी
देवीलाल पानवाला	नागरिक-1
नागरिक-2	नागरिक-3
नागरिक-4	चिन्तक-1
चिन्तक-2	चिन्तक-3
दरबारी-1	दरबारी-2
दरबारी-3	दरबारी-4
सूत्रधार	कोरस के सदस्य

अंक : एक

[बाजार। नागरिकों की सामान्य चहल-पहल। देवीलाल पानवाले के आसपास एक-दो व्यक्ति पान खाने रुक गए हैं। बिगुल बजता है। सारे नागरिक ठिठककर एक ओर हटने लगते हैं। कोरस]

आए नवाब आए
आए नवाब आए
ले अपना बैंड बाजा
देखो जनाब आए।

आमों के आम लूटें
गुठली के दाम लूटें
चमचे हैं इनके दाएँ
चमचे हैं इनके बाएँ।
हरफन कमालवाली
पढ़कर किताब आए!

आए नवाब आए
आए नवाब आए

ले अपना बैंड बाजा
देखो जनाब आए।

[कोरस समाप्त होने तक अपनी निराली चाल से आगे चलता कोतवाल, नवाब, तीन चिन्तक और चार दरबारी मंच पर आते हैं।]

कोतवाल : एक तरफ, एक तरफ, भीड़ मत लगाइए। एक तरफ, एक तरफ। क्या सड़क के बीच खड़े हैं? देखते नहीं ससुर, नवाब साहब तशरीफ ला रहे हैं। एक तरफ हटके, अबे ओय!

[नवाब, छड़ी घुमाता किसी फोटोग्राफर को पोज दे रहा है और चिन्तक फोटो में आने की चेष्टा करते हुए अलग-अलग कोण से भिन्न मुद्राओं में नवाब के पास खड़े होते हैं।]

दरबारी-1 : नवाब की सल्तनत में चारों तरफ अमन है।

शेष दरबारी : नवाब की सल्तनत में चारों तरफ अमन है।

दरबारी-2 : नवाब के राज में सब सुखी हैं।

शेष दरबारी : नवाब के राज में सब सुखी हैं।

दरबारी-3 : सब सुखी हैं, सब अमन से हैं।

शेष दरबारी : सब सुखी हैं, सब अमन से हैं।

दरबारी-4 : चारों तरफ कानून का पहरा है।

शेष दरबारी : चारों तरफ कानून का पहरा है।

कोतवाल : एक तरफ, एक तरफ, देखते नहीं, नवाब साहब आ रहे हैं।

दरबारी-1 : नवाब के राज में फसलें खुद-ब-खुद बढ़ती हैं।

शेष दरबारी : नवाब के राज में फसलें खुद-ब-खुद बढ़ती हैं।

दरबारी-2 : पेड़ हरे-भरे हैं, आसमान नीला है।

शेष दरबारी : पेड़ हरे-भरे हैं, आसमान नीला है।

दरबारी-3 : नदी बहती है, कुओं में दवाई डलती है।

शेष दरबारी : नदी बहती है, कुओं में दवाई डलती है।

दरबारी-4 : औरतें पानी भरती हैं, बच्चे स्कूल जाते हैं।

शेष दरबारी : औरतें पानी भरती हैं, बच्चे स्कूल जाते हैं।

कोतवाल : एक तरफ, एक तरफ, देखते नहीं, नवाब को।

दरबारी-1 : नवाब बहुत अच्छे नवाब हैं।

शेष दरबारी : नवाब बहुत अच्छे नवाब हैं।

दरबारी-2 : इनके बाप, इनसे भी अच्छे नवाब थे।

शेष दरबारी : इनके बाप, इनसे भी अच्छे नवाब थे।

दरबारी-3 : उनके बाप-के-बाप का तो कहना ही क्या!

शेष दरबारी : उनके बाप-के-बाप का तो कहना ही क्या!

दरबारी-4 : बाप-के-बाप-के-बाप का इतिहास में जवाब नहीं। और सब खूबियों के अलावा वे बहादुर भी थे।

शेष दरबारी : बाप-के-बाप-के-बाप का इतिहास में जवाब नहीं। और सब खूबियों के अलावा वे बहादुर भी थे।

नवाब : कोतवाल, अबे ऐ कोतवाल! इधर आ, इधर आ।

कोतवाल : हुजूर!

नवाब : अबे, चारों तरफ लोग हैं। प्रजा हमारी तरफ देख रही है।

कोतवाल : मैं अभी सबको एक तरफ हटाता हूँ। मगर हटाने से उल्टा भीड़ बढ़ती है हुजूर, कम नहीं होती।

नवाब : भीड़ को हटा नहीं। कोई करिश्मा कर, जिससे हमारी मशहूरी हो। अबे, हम जनता में लोकप्रिय होना चाहते हैं। यहीं, इसी वक्त।

कोतवाल : अब बीच सड़क में कौन-सा करिश्मा हो सकता है?

नवाब : कोई बच्चा नजर नहीं आ रहा? पकड़ ला मेरे पास। हम उसे प्यार से थपथपा देंगे, हुआ तो ऊपर उठा लेंगे। सब हमारी ओर प्रशंसा से देखेंगे। नवाब बच्चों को बहुत प्यार करते हैं।

कोतवाल : बच्चा? नजर नहीं आ रहा। जब से ये परिवार नियोजन लग गया मालिक, तब से बच्चे बहुत कम हो गए।

नवाब : बच्चा जाने दे, कोई भिखारी, कोई बेवा या कोई शायर-कवि भी नहीं है? हम खुश होकर या दया करके उसे अपने गले का कंठा, खैर यह तो बड़ा है, मगर यह छोटीवाली माला उतारकर दे देंगे। जनता हमारे गुण गाएगी।

कोतवाल : भिखारी जरूर होगा। भिखारी तो अकसर होते हैं। अजी आप लोगों में से कोई भिखारी है? नवाब साहब उसे मालामाल कर देना चाहते हैं। अरे भई, आप लोगों में से कोई भिखारी है?

नवाब : कोई भिखारी है?

शेष सारे पात्र : हम सभी हैं हुजूर!

नवाब : चलो-चलो, लगता है मैं अहमकों और बदमाशों में फँस गया हूँ। आगे बढ़ो।

दरबारी-1 : नवाब की सल्तनत में चारों तरफ अमन है।

शेष दरबारी : नवाब की सल्तनत में चारों तरफ अमन है।

दरबारी-2 : नवाब के राज में सब सुखी हैं।

कोतवाल : *(सहसा चौंककर)*
हुजूर!

नवाब : बोलो-बोलो।

कोतवाल : वह देखिए, एक थिएटरवाला चला आ रहा है।

[सूत्रधार प्रवेश करता है।]

नवाब : थिएटरवाला? यह क्या चीज है?

कोतवाल : बहुत खतरनाक शख्स है हुजूर! रंगकर्मी। जिसे कहते हैं नाटकों का सूत्रधार...।

नवाब : खतरनाक है तो साले को मारो जूते।

कोतवाल : इतनी इज्जत के काबिल नहीं है मालिक। कलाकार है, ड्रामे-फ्रामे करता है, थोड़ा इनाम-इकराम दे दीजिए तो आप के गुण गाएगा।

नवाब : ड्रामे, यानी लैला-मजनूँ, शीरीं-फरहाद। चलो हटो, हम ऐसे लोगों से दूर ही रहते हैं।

कोतवाल : जैसा ठीक समझें। मरने दो साले को।

नवाब : मगर तुम क्यों सिफारिश करते हो? तुम्हारा कोई लगता है क्या? बिना रिश्ते के कोई सिफारिश नहीं करता हमारे राज में।

कोतवाल : मेरा इन लोगों से क्या ताल्लुक! यही कि कभी बतौर इन्तजाम थिएटर देखने निकल जाता हूँ तो इज्जत से बैठने की सीट देता है, चाय-वाय पिलाता है।

नवाब : व्हिस्की नहीं पिलाता? हम भी चलते।

कोतवाल : अजी, इन थिएटरवालों को बीअर मिल जाए, यही किस्मत की बात है।

नवाब : इसका मतलब आदमी शरीफ है।

कोतवाल : मुझे यही लगा।

नवाब : अबे ओ चिन्तको, बुद्धिजीवियो, समझदारो, कहाँ गए कम्बख्त?

चिन्तक-1
चिन्तक-2 : *(एक स्वर से)*
चिन्तक-3

हम यहाँ हैं श्रीमान!

नवाब : अबे, तुम लोग किस मर्ज की दवा हो?

चिन्तक : जिस समस्या पर हुकुम करें अन्नदाता, हम उसी पर चिन्तन करें।

नवाब : अच्छा तो जरा बताओ सोचकर कि हमें इस नाटक करनेवाले की मदद करनी चाहिए या नहीं? हो जाए एक-एक चिन्तन इस बात पर।

चिन्तक-1
चिन्तक-2 } : जो आज्ञा श्रीमान्!
चिन्तक-3

[तीनों चिन्तक कुछ हटकर समस्या पर विचार करते हैं। शेष पात्र फ्रीज हो जाते हैं।]

चिन्तक-1 : परम्परा है। मुझे लगता है, परम्परा है।

चिन्तक-2 : होगी, जरूर होगी। जब सबकुछ है, तो वह भी होगी।

चिन्तक-3 : कलाकर्म के संवर्धन के लिए उदात्त दृष्टिकोण अपनाने की परम्परा है।

चिन्तक-3 : इतिहास साक्षी है कि इस नवाब के बाप-के-बाप ने भाँड़ों की एक मंडली को पूरे एक महीने मेहमान रखा था और बड़ा इनाम-इकराम देकर विदा किया।

चिन्तक-1 : वही मैं कह रहा हूँ, परम्परा है।

चिन्तक-3 : और नवाब के बाप ने पटियाला से आई उस ठुमरी गानेवाली बाई पर क्या-क्या न्योछावर नहीं किया!

चिन्तक-2 : क्या नाम था उसका?

चिन्तक-3 : बड़ा प्यारा-सा नाम था, याद नहीं आ रहा।

चिन्तक-2 : बड़ा स्कैंडल हुआ था उसे लेकर।

चिन्तक-3 : ठुमरी के अतिरिक्त मरहूम नवाब की गायिका के शरीर में भी रुचि थी।

चिन्तक-1 : मैं समझता हूँ, हम चिन्तकों का इन निजी मामलों से कोई सरोकार नहीं होना चाहिए।

चिन्तक-2 : मैं तुम्हारा समर्थन करता हूँ।

चिन्तक-1 : हम तो यही वक्तव्य दें कि परम्परा है और इसका विकास होना चाहिए।

चिन्तक-2 : क्यों मगर? हम यों क्यों न कहें कि पुरानी परम्परा है, जो अब समाप्त होनी चाहिए। यह भी सोचने का एक ढंग है।

चिन्तक-1 : समझते क्यों नहीं मित्र, मेरा दामाद आजकल नाटक लिख रहा है।

चिन्तक-2 : यह तो मैं भूल ही गया था।

चिन्तक-1 : यह सूत्रधार का बच्चा उसके कुछ नाटक खेल दे तो वह स्थापित हो सकता है। फिर तुमने भी तो संस्कृत से एक अनुवाद किया है।

नवाब : अबे चिन्तको, उल्लू के पट्ठो, जरा-सी बात सोचने में इतना वक्त लगा रहे हो। अरे, तुम नहीं सोच पा रहे तो हमसे बोलो, हम सोचें। हम भी खूब सोच लेते हैं, जब सोचने पर आते हैं।

चिन्तक-1
चिन्तक-2
चिन्तक-3 : श्रीमान्, हम निर्णय पर पहुँच गए। परम्परा है।

नवाब : क्या परा है?

चिन्तक-1 : परम्परा। हुजूर, यह होती है और एक बार होती है तो होती चली जाती है।

नवाब : अच्छा, तो चालू रखो। मगर हमें करना क्या है?

चिन्तक-1 : रंगकर्म को प्रश्रय।

चिन्तक-2 : यानी मदद थिएटरवाले को।

चिन्तक-3 : संस्कृति के इतिहास में समझिए आपका नाम पक्का हो गया। अध्याय का शीर्षक यों होगा, हिन्दी नाटक : नवाब युग। और हुजूर की साहित्य परिषद उसे प्रकाशित भी कर देगी।

नवाब : तो फिर बुलाओ। अरे, बुलाओ उस नाटकवाले को। खड़ा क्या है कोतवाल! जा बुला।

कोतवाल : अबे, ओय, इधर आ! किस्मत खुल गई साले की। दुआ दे हमें कि तुझे नवाब याद कर रहे हैं।

[सूत्रधार नवाब के सामने लाया जाता है।]

नवाब : सुना भई, तुम थिएटर वगैरा करते हो?

सूत्रधार : जी।

नवाब : कमाल करते हो, भई वाह! क्या कहने!

चिन्तक-1 : श्रीमान्, यह सज्जन आधुनिक नाटक करते हैं।

नवाब : रोमियो-जूलियट! उसका तर्जुमा पढ़ा था हमने।

चिन्तक-1 : 'आधे-अधूरे', 'तुगलक' एवं 'इन्द्रजीत'।

नवाब : बड़ा लम्बा नाम है। नाटक भी लम्बा ही होगा।

[कुछ सोचकर]

मगर देखा जाए, तो बात कितनी सही है। तुगलक और इन्द्रजीत सभी आधे-अधूरे हैं। अरे भई, हम बोलेंगे। हम नाटकों पर बोलेंगे। माइक लाओ।

कोतवाल : सुनिए, सुनिए, नवाब साहब कुछ कह रहे हैं। खामोशी से सुनिए।

दरबारी-1 : नवाब साहब जब बोलते हैं, अच्छा बोलते हैं।

शेष दरबारी : नवाब साहब जब बोलते हैं, अच्छा बोलते हैं।

दरबारी-2 : नवाब साहब बड़े ज्ञान की और गहरी बातें कहते हैं।

शेष दरबारी : नवाब साहब बड़े ज्ञान की और गहरी बातें कहते हैं।

दरबारी-3 : नवाब साहब की भाषा बहुत सुन्दर है और प्रभावशाली।

दरबारी-4 : विचार कितने ऊँचे। सुनिए-सुनिए, नवाब साहब को सुनिए।

शेष दरबारी : सुनिए-सुनिए, नवाब साहब को सुनिए।

[एक चिन्तक नवाब के सामने माइक पकड़ खड़ा हो जाता है।]

नवाब : हमें बहुत खुशी है जो कि होनी चाहिए क्योंकि खुशी ऐसी चीज है जो कि होती है सबको जो हमारी सल्तनत में रहते हैं, जिसे देख हम खुश हैं, ऐसे ही खासतौर से नाटक या गाने-बजाने की महफिलें या दीगर धन्धे जैसे रंगीन तसवीरें बनाना या बाज लोग लिखने-लिखाने का काम करते हैं सुना, जो होता है जिसके बारे में अकसर सुनते हैं हम, कभी देखते भी हैं जब मौका पड़ता है जो कि कम पड़ता है क्योंकि जैसा आप जानते हैं मौका, मौका होता है, पड़े-ना-पड़े। हमारी सल्तनत में जो कि है आप सब जानते हैं और जानना चाहिए आपको कि एक परम्परा है और जैसा कि परम्परा का रहता है, हमने गौर किया है इस बात पर कि वह होती है और जो होती

है तो होती ही चली जाती है, हमारा मतलब परम्परा। कुछ इस बात पर खयाल करके और कुछ दीगर बातों का खयाल करके, क्योंकि खयाल में से खयाल निकलते हैं और जब निकलते हैं तो खूब निकलते हैं, हमने तय किया है क्योंकि तय तो हम ही करते हैं और हम ही करेंगे कि हमारे राज्य में नाटक-थिएटर को बढ़ावा दिया जाए, जो भी हो आधा तुगलक, अधूरे इन्द्रजीत, जो भी हो उसे पूरा किया जाए, काम आगे बढ़े जो हम चाहते हैं। इसकी वजह है, वजह न भी होती तो भी हमें करने से कौन रोक सकता था, मगर अच्छी बात है कि वजह है। वजह यह कि परम्परा है, प्रजा का दिल बहलता है और इसमें सल्तनत का क्योंकर नुकसान होगा अगर इनसान का दिमाग उलझा रहे इन बातों में, मसलन नाटक या गाने-बजाने की महफिलें या साहित्य तो हर्ज क्या है? इसलिए हम घोषणा करते हैं आज की तारीख कि बढ़ावा दिया जाएगा राज्य में थिएटर को। बजट में रुपया रहेगा, उसके लिए अकादमी-कला परिषद वगैरह जो भी जरूरी है सब खुलेंगी जैसा कि होना चाहिए और होता रहा है चूँकि परम्परा है सो रहेगी। बस अब हम बोलना बन्द करते हैं। सिगरेट...सिगरेट...सिगरेट किसके पास है?

[सब तालियाँ बजाते हैं। चिन्तकगण नवाब को सिगरेट पेश करते हैं और जलाते हैं। नवाब कश लेता है।]

नवाब : कहो भाई, हम कैसा बोले?

चिन्तक-1 : प्रेरक।

चिन्तक-2 : उत्तेजक।

चिन्तक-3 : इस देश में सांस्कृतिक क्रान्ति का सुभारम्भ आपकी कृपा-शक्ति से ही होगा श्रीमान्!

नवाब : और कैसे हो सकता है, और कोई तरीका ही नहीं है। यही हम बोले थे कि जो होगा हम करेंगे सो होगा।

दरबारी-1 : नवाब साहब जब बोलते हैं, अच्छा बोलते हैं।

शेष दरबारी : नवाब साहब जब बोलते हैं, अच्छा बोलते हैं।

दरबारी-2 : नवाब साहब बड़े ज्ञान की और गहरी बातें कहते हैं।

शेष दरबारी : नवाब साहब बड़े ज्ञान की और गहरी बातें कहते हैं।

दरबारी-3 : नवाब साहब की भाषा बहुत सुन्दर है और प्रभावशाली भी।

शेष दरबारी : नवाब साहब की भाषा बहुत सुन्दर है और प्रभावशाली भी।

दरबारी-4 : विचार कितने ऊँचे!

शेष दरबारी : विचार कितने ऊँचे!

नवाब : *(सूत्रधार से)*

तुम आना, मिलना हमसे, इंशा अल्लाह अकादमी बना देंगे, कल्चर का अलग से डिपार्टमेंट खड़ा कर देंगे, तुम्हें फेलोशिप दे देंगे, क्या बात है और जरा सोचो उसमें लगता क्या है और जो भी लगे क्योंकि कोई वजह नहीं कि जब हम एक समझदार, नेक और रहमदिल नवाब के रूप में मशहूर होने पर तुले हैं तो कल्चर के मामले में पीछे क्यों रहें

और इसके लिए अगर कुछ उल्लू के पट्ठों को इनाम, फेलोशिप वगैरा देनी पड़े तो देंगे क्योंकि सवाल तो आखिर हमारे नेक, रहमदिल और कल्चर्ड लगने का है, वो जो भी हों। चलो आगे बढ़ो, एक दिन के लिए लोगों में हमारी इतनी मशहूरी काफी है।

कोतवाल : एक तरफ, एक तरफ, भीड़ मत लगाइए। देखते नहीं, नवाब साहब तशरीफ ला रहे हैं।

[नवाब, कोतवाल आगे बढ़ते हैं।]

दरबारी-1 : नवाब की सल्तनत में चारों तरफ अमन है।

शेष दरबारी : नवाब की सल्तनत में चारों तरफ अमन है।

दरबारी-2 : नवाब के राज में सब सुखी हैं।

शेष दरबारी : नवाब के राज में सब सुखी हैं।

दरबारी-3 : सब सुखी हैं, सब अमन से हैं।

शेष दरबारी : सब सुखी हैं, सब अमन से हैं।

दरबारी-4 : चारों तरफ कानून का पहरा है।

शेष दरबारी : चारों तरफ कानून का पहरा है।

[दरबारी भी चले जाते हैं।]

नागरिक-1 : इस नाटकवाले की आज उड़कर लगी। बरसों का चप्पलें घिसना आखिर काम आया।

नागरिक-2 : अब तो सरकार की मर्जी के नाटक करेगा, क्योंकि आखिर नमक कहीं-न-कहीं तो बोलेगा ही।

नागरिक-3 : जाहिर है, बोलेगा और बोलना चाहिए, मगर अब करे भी क्या?

नागरिक : लीजिए, बिचारे की रोटी के साथ मशहूरी का

सिलसिला भी बैठ गया, यह आप नहीं सोचते। बधाई हो नाटकवाले साहब, बधाई, अगले शो के फ्री पास मिलेंगे।

नागरिक-3 : बधाई जनाब, इसे कहते हैं खुदा जब देता है थिएटर फाड़कर देता है। टूटने दीजिए थिएटर, मगर खुदा की नियामत पर नजर रखिए।

नागरिक-1 : कोतवाल को मक्खन लगाना आखिर काम आया। बधाई हो।

नागरिक-2 : क्यों नहीं, अरे भई, अगर आगे बढ़ना है, जिन्दगी में प्रगति करनी है तो अफसरों से चिपककर रहो, कामयाबी कहीं नहीं जाती। बधाई प्यारे!

[सब चले जाते हैं, केवल सूत्रधार रह जाता है।]

सूत्रधार : देखा आप लोगों ने क्या हुआ यहाँ पर? यह रोज हो रहा है, हर जगह हो रहा है। सत्ताधारी यश पाना चाहता है और वह जगह-जगह आश्वासन देता है ताकि लोग उसकी जय-जयकार करें। आज मैं उसके जाल में फँस गया। नवाब साहब कह रहे हैं कि मुझे मदद करेंगे। फेलोशिप देंगे। कल्चर का डिपार्टमेंट खोलने की कह रहे हैं। शायद मुझे उसका डायरेक्टर बना दें। समझ नहीं आता, क्या करूँ? मुझे स्वीकार करना चाहिए या नहीं? बड़ी-बड़ी बातें होती हैं। हालाँकि मुझे लगता है इस मामले में वह सीरियस है। हो सकता है, कुछ करे। अब हम थिएटर करते हैं और थिएटर करना चाहते हैं। मदद मिल जाए गवर्नमेंट की तो अच्छा है और न मिले तो कोई

बात नहीं क्योंकि हमें तो थिएटर करना है और वह हम करेंगे। मगर हमारी समस्याएँ हैं जो सुलझनी चाहिए और गवर्नमेंट चाहे तो इस मामले में कुछ कर सकती है। यों मैं सांस्कृतिक मामलों में सरकारी दबाव या दखलन्दाजी पसन्द नहीं करता। मैं चाहता हूँ सरकार बीच में नहीं आए मगर मदद करना चाहती है तो ठीक है, वी डोंट माइंड। खैर, जो भी हो, एक बात साफ है कि अगर मैं मदद लूँगा तो अपनी शर्तों पर लूँगा, मगर वे शर्तें कौन-सी हों, इस पर बातचीत की जा सकती है।

[तभी मंच की एक ओर से जुग्गन धोबी अपने गधे, अलादाद खाँ के नाम से रोता हुआ आता है।]

जुग्गन : अलादाद...ओ अलादाद खाँ...कहाँ चले गए प्यारे भाई मुझे छोड़कर? अब इस दुनिया में हमारा कौन है, अलादाद, यह सोचा तुमने? नहीं सोचा। नहीं सोचा, अलादाद, तुमने जाने के पहले कुछ नहीं सोचा। अलादा...द!

[जुग्गन रोता हुआ चला जाता है और देवीलाल पानवाला आता है।]

सूत्रधार : क्यों भई, इस जुग्गन धोबी को क्या हुआ?

देवीलाल : लगता है, कोई रिश्तेदार मर गया। पान लेंगे?

सूत्रधार : ये अलादाद खाँ कौन है जिसके नाम पर रो रहा है?

देवीलाल : कोई रिश्तेदार होगा या ग्राहक होगा? ये धोबी

कम्बख्त सभी के कपड़े तो धोते रहते हैं। पान लेंगे?

सूत्रधार : नहीं।

[देवीलाल चला जाता है।]

सूत्रधार : *(दर्शकों से)* आप जानते हैं थिएटर चलाने के लिए मुझे आसपास के समाज से, जिन्दगी से भी जुड़ा रहना पड़ता है। लोगों के दुख-सुख में हिस्सा बँटाना मेरा फर्ज है। फिर कुछ भी कहिए, जुग्गन खाँ धोबी हमारे रंगमंच के करीब के व्यक्ति हैं। नाटक के पहले पोशाकों को प्रेस करवाना जरूरी होता है और इसके लिए हमने कब-कब जुग्गन खाँ को कष्ट नहीं दिया। जुग्गन धोबी और नत्थू दर्जी, जहाँ हमारे नाटकों की पोशाकें सिलते हैं। अच्छा याद आया, नत्थू दर्जी से पूछता हूँ। उसे पता होगा ये अलादाद खाँ कौन है जिसके नाम पर जुग्गन रो रहा है? अरे भई नत्थू...नत्थू जनाब...नत्थू!

[सूत्रधार आवाज लगाता जाता है मगर तभी दूसरी ओर से नत्थू दर्जी प्रवेश करता है।]

नत्थू : मुझे किसने बुलाया? एँ? *(गरजकर)* अबे मुझे किसने बुलाया? किसने आवाज दी? इस दुनिया में एक आदमी शान्ति से बैठकर तुरपई का काम भी नहीं कर सकता। एक तो वह नाटकवाला सिर पर चढ़ा बैठा है, उसके कपड़े देने हैं। दूसरे, सुबह से यह जुग्गन

रो-रोकर आँसू की नालियाँ बहा रहा है। और ठीक भी है। उस पर जो गुजर रही है, उसका दिल जानता है। गधे अलादाद के अलावा उसका इस दुनिया में था कौन? यह तो इतनी ही दर्दनाक बात है कि ऐन तीज-त्योहार के मौके पर जैसे किसी गरीब दर्जी की सीने की मशीन टूट जाए। रो रहा है बिचारा। चलूँ, उसी के पास चलूँ। पता नहीं, कौन कम्बख्त आवाज लगा रहा था?

[तभी जुग्गन खाँ फिर उसी तरह रोता हुआ जाता है। नत्थू दर्जी उसे धीरज बँधाने लगता है।]

जुग्गन : कहाँ चला गया अलादाद...मुझे छोड़कर तू, कहाँ चला गया? मैं हमेशा तेरे साथ रहा, जहाँ-जहाँ तू गया, वहाँ-वहाँ मैं गया। मगर आज...ओ अलादाद...

नत्थू : धीरज रख भई जुग्गन! अरे आदमी हो या गधा, इस दुनिया में जो आया है, सो जाएगा। अमर कोई नहीं है प्यारे, अमर कोई नहीं है।

जुग्गन : ओ अलादाद!

नत्थू : धीरज रख भई! असल मर्द वह है जो दुख में भी धीरज रखे। गीता में क्या कहा है, पता है?

[सूत्रधार आता है, नत्थू दर्जी से बात करने का प्रयत्न करता है। देवीलाल पानवाला आ जाता है।]

सूत्रधार : नत्थू भाई...जरा सुनिए...।

नत्थू : क्या है?

जुग्गन : ओ अलादाद!

नत्थू : अब अलग भी हटो यार! यहाँ हमार दोस्त की जान पर जा रही है और तुम्हें अपने कपड़ों की पड़ी है। भगवान्, इस नाटकवालों से बचा।

जुग्गन : अलादाद!

[जाता है।]

नत्थू : जुग्गन, भाई जुग्गन, ठहरो।

[नत्थू उसके पीछे चला जाता है।]

सूत्रधार : देखा तुमने? यह इज्जत रह गई है हम नाटक करनेवालों की। अब इस नत्थू दर्जी की औकात क्या? मगर जरा-सी बात सुनने को तैयार नहीं। कोई मैं स्मारिका के लिए विज्ञापन माँग रहा हूँ, या टिकट बेचने की कोशिश कर रहा हूँ जो इस तरह भाग रहा है!

देवीलाल : छोड़िए साहब, आप पान खाइए। आप बड़े लोगों की यही बात तो हमें पसन्द नहीं कि एक बात के पीछे पड़ गए तो पड़ गए।

सूत्रधार : लाओ, पान खिलाओ।

[देवीलाल पान बनाता है, तभी साफ कपड़ों में अलादाद खाँ नामक एक शरीफ-सा आदमी तेजी से आता है।]

अलादाद खाँ : अरे भई, एक सिगरेट का पैकेट देना।

देवीलाल : आप और सिगरेट? कब से पीने लगे?

अलादाद खाँ : साले साहब तशरीफ ले आए हैं। उन्हें लगती है।

खुदा की खुदाई एक तरफ, जोरू का भाई एक तरफ। हर किसम का शौक रखते हैं जनाब। कल कहने लगे, जीजा व्हिस्की हो जाए। मैंने कहा देखो मियाँ, अलादाद खाँ ने जिन्दगी में न शराब छुई है और न कभी छुएँगे। आपको पीना हो, तो जाइए किसी अड्डे पर और शौक से पीजिए।

सूत्रधार : अलादाद खाँ!

अलादाद खाँ : आप मुझे कुछ कह रहे हैं?

सूत्रधार : आपका शुभ नाम अलादाद खाँ है?

अलादाद खाँ : जी।

[सिगरेट का पैकेट ले पैसे देता है।]

सूत्रधार : मैं भूत-प्रेतों में यकीन नहीं करता, मगर जुग्गन धोबी सुबह से आपका ही नाम लेकर रो रहा है। आप जिन्दा हैं!

अलादाद खाँ : आप मजाक अच्छा कर लेते हैं। जान न पहचान। हुँह!

सूत्रधार : *(देवीलाल से)* जुग्गन धोबी तब से आपका ही नाम लेकर रो रहा है ना।

देवीलाल : कैसी बातें करते हैं। वे अलादाद खाँ, जुग्गन के कोई रिश्तेदार-फिश्तेदार होंगे।

[जुग्गन के रोने का स्वर सुनाई देता है।]

जुग्गन : अलादाद...कहाँ गए मुझे छोड़कर अलादाद?

सूत्रधार : सुन लीजिए, अपने कानों से सुन लीजिए।

अलादाद खाँ : अव्वल दर्जे के शरारती और अहमक रहते हैं इस मोहल्ले में।

सूत्रधार : अरे जुग्गन भाई, इधर तो आना।

अलादाद खाँ : बड़े बदतमीज हैं आप।

[अलादाद खाँ गुस्से में चला जाता है।]

सूत्रधार : *(चिल्लाकर)* मैं गलत नहीं कह रहा था जनाब!

[जुग्गन आता है।]

जुग्गन : हाय...हा...अलादाद!

सूत्रधार : यार, बहुत हो गया जुग्गन! इतना रोना-धोना तो ट्रेजिक नाटकों में भी नहीं होता। अब बता भी दो कि ये अलादाद, जिनके लिए तुमने रो-रोकर आसमान सिर पर उठा लिया, आखिर थे कौन?

जुग्गन : कौन थे? मेरे सबकुछ थे...सबकुछ।

सूत्रधार : मैं नहीं जानता। यह देवीलाल भी नहीं जानता।

जुग्गन : *(स्मृतियों में डूबकर)* पान नहीं खाता था वो, मगर हाँ नाटक करता था और खूब करता था।

सूत्रधार : नाटक?

जुग्गन : उस दिन की बात है। नदी के किनारे ही अटक गया। आगे बढ़ने का नाम ही न ले। मैंने कहा भई चल। माने ही ना। पीठ पर कपड़े लदे हुए। मैंने कहा बेटे खड़े-खड़े थक जाओगे। अब चलो। मगर बस, रूठे हुए। मैंने देखा कि नाटक कर रहा है। क्या करें। समझ नहीं आ रहा। मैंने सोचा जुग्गन चुप्पी मार जाओ। बोलो ही मत। देखें, जनाब क्या करते हैं? बस कुछ देर बाद खुद चल पड़े। और एक बार अलादाद खाँ लादी लेकर घाट से चल पड़े तो बस फिर घर पर ही आकर रुकते थे।

सूत्रधार : गधा था, मैं समझा तुम्हारा कोई रिश्तेदार मर गया।

जुग्गन : गधा था, मगर रिश्तेदारों से ज्यादा करीब था। मेरे लिए तो कलेजे का टुकड़ा था। नूरे-नजर... दिल का दुलारा...ओ अलादाद!

[जुग्गन घुटनों में सिर गड़ाकर मातमी मुद्रा में बैठ जाता है। सूत्रधार कुछ क्षण शून्य में ताकता रहता है। फिर चला जाता है। देवीलाल भी।]

कोरस

अलादाद! ओ अलादाद!
दुनिया को तुम छोड़
कहाँ चले गए?
अलादाद?
जुग्गन से मुँह मोड़
कहाँ चले गए?
अलादाद!
ओ अलादाद! बहुत आते याद।
तुम-सा ना कोई
तुम थे अनूठे
आँखों के तारे मोरे
काहे को रूठे!
निर्धन के भाग फोड़
कहाँ चले गए
अलादाद!
जब से गए प्यारे
कुछ ना भाए

याद तुम्हारी मोहे
हर घड़ी आए!
जन्मों का नाता तोड़
कहाँ चले गए?
अलादाद!
ओ अलादाद! ओ अलादाद!

[जब तक कोरस चलता है सूत्रधार आकर एक-एक तख्ती दर्शकों के सामने घुमता है, 'पहला दृश्य समाप्त'। फिर उदास जुग्गन को हाथ पकड़ उठा धीरज बँधाता ले जाता है। सूत्रधार आकर दूसरी तख्ती दर्शकों के सामने घुमाता है, जिस पर लिखा है, 'दूसरा दृश्य : कोतवाल का घर'। कोरस की अन्तिम पंक्तियों के साथ कोतवाल अपनी प्रेमिका रामकली के साथ पैर नचाता, उस पर मुग्ध, उसकी अदाओं के अनुसार आगे-पीछे चलता, रोके से रुकता, मंच पर आता है।]

कोतवाल : अब बस भी करो रामकली, बहुत देर हो गई।

रामकली : तुम्हें मेरी सौंह जो नजर के सामने से हटो।

कोतवाल : नौकरी है रामकली, नौकरी।

रामकली : राख डालो ऐसी नौकरी पर। हमारी जवानी तुम्हारा इन्तजार करते बीत जाएगी क्या?

कोतवाल : हम पिछले छह घंटों से तुम्हारे साथ हैं।

रामकली : झूठ क्यों बोलते हो? पल-भर भी तो नहीं बीता।

कोतवाल : जरा समझो रामकली, समझो।

रामकली : पहले मत हर ली, फिर मन हर लिया। अब रह

क्या गया समझने को।

कोतवाल : बस तो अब हमें जाने दो।

रामकली : पुलिस में होकर बेवफाई। गौरमेंट क्या कहेगी?

कोतवाल : सारा शहर हमारा इन्तजार कर रहा है।

रामकली : बाद कितने इन्तजार के तो तुम हमें मिले हो।

कोतवाल : वे सब हमारी गालियाँ सुनने को बेचैन हैं।

रामकली : और हम तुम्हारे मीठे बैन सुनने को।

कोतवाल : हम बोल चुके।

रामकली : एक बार फिर के तो बोलो।

कोतवाल : हाय रामकली!

रामकली : प्यारे कोतवाल!

कोतवाल : हमें दुनिया में दो ही चीजें प्यारी हैं।

रामकली : जानती हूँ।

कोतवाल : एक तुम्हारी काली आँखें।

रामकली : दूसरा शहर पुलिस का थाना।

कोतवाल : रिटायर होने के बाद हम सिर्फ तुम्हारी बाँहों में रहेंगे।

रामकली : हमें गौरमेंट की यही बात तो नापसन्द है। मरद को रिटायर करना ही है तो जवानी में करे।

कोतवाल : सच कह रही हो।

रामकली : बुढ़ापे में रिटायर करें हैं। तब न काम का, न करम का।

कोतवाल : मगर रामकली!

रामकली : हाँ प्यारे कोतवाल!

कोतवाल : नवाब की गौरमेंट ने गर्दन पर छुरी घुमा दी तो बुढ़ापे से भी जाएँगे।

रामकली : अब चुप्पै रहो। छुरी चले तुम्हारे दुश्मन पर।

कोतवाल : तुम जानती हो, नवाब के दरबार में जाते हमारी

नानी मरती है।

रामकली : तुम बित्ता-भर बड़े ही होगे नवाब से कद में।

कोतवाल : सो तो है।

रामकली : करारा बदन, मर्दाना चेहरा, ये रोबदार मूँछें। तुम क्यों डरो हो जो किसी से?

कोतवाल : यह नहीं, दूसरी बात है। दरबार में कबित्त सायरी, वेद ज्ञान की किताबी बहसें चलती रहती हैं।

रामकली : इन पढ़े-लिखे मुँओं को दूसरा काम क्या है!

कोतवाल : तुम जानती हो, हम चौथे दर्जा से आगे कभी पढ़े नहीं। कोई हमसे प्रश्न करता है तो मुसकाय के रह जाते हैं।

रामकली : मुँह में कीड़े पड़ें ऐसी ज्ञान की बातें करनेवालों के।

कोतवाल : अब हमें जाने दो। दरबार में बहुत दुश्मन हैं। शिकायत लगाते देरी नहीं करेंगे कि कोतवाल अपनी ड्यूटी पर देरी से आता है। सदर थाने जाना है, फिर सुसरी आज शाम जरूरी बैठक है। कहीं देरी न लग जाए।

रामकली : एक बार हमें प्यार से बुला लो।

कोतवाल : रामकली...ई...

रामकली : कोतवाल!

कोतवाल : हमारा साफा दे दो।

रामकली : अभी लाई।

[साफा लेने अन्दर जाती है।]

कोतवाल : औरत के सामने ऋषि-मुनि नहीं टिक सके तो हम तो मुलाजिम हैं नवाब के।

[रामकली साफा लेकर आती है। कोरस आरम्भ होता है। रामकली साफा लेकर ठुमकती है। कोरस रुक जाता है।]

कोतवाल : सच बताओ, कहाँ छुपाया था?

रामकली : दाल के डिब्बे में।

कोतवाल : बड़ी नटखट हो। नित नई जगह तलाश लेती हो, हमारा साफा छुपाने के लिए। लाओ दो।

रामकली : ठहरो, हम अपने हाथों से पहनाएँगे।

[रामकली कोतवाल को साफा पहनाती है। कोरस पुनः आरम्भ होता है।]

देखो चले कोतवाल सँवर के देखो चले कोतवाल
खुली कटारी, मूँछ करारी, सीना जैसे ढाल, सँवर के,
देखो चले कोतवाल सँवर के...
सैयाँ बेदर्दी, खाकी वर्दी, हाथ में डंडा सोहे
बाँके साफे की धज ऐसी हमरा मनवा मोहे
जिधर से गुजरे आशिक हमरो, आ जाए भूचाल
देखो चले कोतवाल सँवर के...
इनकी बोली, जैसे गोली, बड़े-बड़े थर्राएँ
तीन-पाँच करनेवालों की खड़े खाल खिंचवाएँ
इनके आगे नहीं गली है कभी किसी की दाल
देखो चले कोतवाल सँवर के देखो चले कोतवाल...

[कोरस होने तक रामकली कोतवाल को तैयार करने में मदद करती है। उसे विदा कर अन्दर चली जाती है। सूत्रधार 'दृश्य तीन : बाजार' की तख्ती दर्शकों के सामने

घुमा देता है। कोतवाल बीच बाजार से घोड़े पर सलामियाँ लेते गुजरने का माइम करता है। बाजार में लोग जुटने लगते हैं। देवीलाल पानवाला कोतवाल को पान पेश करता है, नत्थू दर्जी सलाम करता है, अन्य नागरिक तथा कोरस के सदस्य वगैरह भी कोतवाल के सामने झुकते हैं। कोतवाल धीरे-धीरे, इधर-उधर देखता, रोब से चला जाता है।]

देवीलाल : खा गए पान फोकट का!

नत्थू : कोतवाल ठहरे भाई।

देवीलाल : रोज का सिलसिला हो गया है। यहाँ खा लिया और जब मर्जी हुई हवलदार को भेज, थाने पर बुलवा लिये।

नत्थू : हमसे पतलून रफू करवाया था, उसके पैसे भी कहाँ दिए?

देवीलाल : अब माना कि हम शहर में सबसे अच्छा पान बनाते हैं। मगर यह तो कोई बात नहीं हुई कि अफसरान को फोकट में खिलाओ।

नागरिक-1 : कल मँगरू कलाल भी यही शिकायत कर रहा था। पी जाते हैं, चुकाने का नाम नहीं लेते।

नागरिक-2 : अब कहाँ-कहाँ की कहिएगा, सभी मामलों में यही हाल है।

नागरिक-3 : हाकिम शहर के कुछ हक होते हैं। बरसों से जो रिवाज चले आ रहे हैं वे एक दिन में बन्द नहीं होंगे।

नागरिक-4 : आप ठीक फरमा रहे हैं।

नत्थू : अजी हाकिम अच्छा हो तो खुद दिल करता है कि इज्जत की जाए।

नागरिक-4 : आप भी ठीक फरमा रहे हैं।

नागरिक-1 : मगर शिकायत कीजिएगा किससे? है कोई सुननेवाला?

नागरिक-4 : यह सवाल भी अपनी जगह माने रखता है।

नागरिक-2 : शिकायतें आए दिन से चली आ रही हैं, सुननेवाला कब रहता है। वही किस्सा हुआ कि साँप काटे की शिकायत साँप से कीजिए।

नागरिक-4 : क्या किस्सा है, जरा पूरा-पूरा सुनाइए।

नागरिक-1 : गरीब कहाँ शिकायत करने जाएगा? उसके सामने दो रोटी का सवाल, सुबह-शाम रहता है। गुलशनपुर के पास उस रात झोंपड़ी में आग लगी। तीस घर फुँक गए। बड़ा शोर था, मदद मिलेगी। मिली मदद?

नागरिक-4 : अब इस मामले में गुलशनपुर वाले ही बेहतर बता सकते हैं।

नागरिक-1 : मैं खुद हूँ गुलशनपुर का।

नागरिक-4 : आप बेहतर बता ही रहे हैं।

नागरिक-2 : आपके पास बीड़ी होगी?

नागरिक-3 : जी नहीं।

नागरिक-2 : आपके पास?

नत्थू : जी नहीं।

नागरिक-4 : मैं पहले सबसे पूछ चुका हूँ, किसी के पास नहीं है।

देवीलाल : मुझसे लीजिए ना।

नागरिक-2 : तुम पैसा लोगे यार, कोई मुफ्त दोगे।

देवीलाल : अब यह भी कोई बात है। आप कोई कोतवाल

हैं शहर के जो मुफ्त दिया जाए।

नागरिक-4 : जवाब दीजिए।

नागरिक-2 : क्या जवाब देना? पैसों से नहीं। एक बंडल, एक माचिस।

नागरिक-4 : एक बीड़ी मुझे भी इनायत करेंगे।

[नागरिक-2 नागरिक-4 को बीड़ी देता है।]

नागरिक-4 : शुकरिया!

नागरिक-3 : देखिए भाई, हम तो इस बात के कायल हैं कि जो कानून-कायदे बने हैं। उन पर ठीक से अमल करते हुए चलो। अमन से रहो। मेहनत और ईमानदारी की जिन्दगी बिताओ तो कोई तुम्हारा कुछ नहीं बिगाड़ सकता। ऊपरवाला भी खुश और हाकिम शहर भी खुश।

नागरिक-4 : वाह-वाह, क्या बात कही है! मेरा खयाल है आप मुन्सीपाल्टी के अगले इलेक्शन में खड़े हो जाएँ। भाषण देने की प्रैक्टिस अच्छी है।

नागरिक-1 : नवाब साहब अपनी दुनिया में खोए रहते हैं। उन्हें पता ही नहीं कि रय्यत पर क्या गुजर रही है।

नागरिक-4 : आपको क्या पता कि उन्हें पता नहीं?

नागरिक-3 : आप जनाब, लोगों को भड़कानेवाली बातें कह रहे हैं। क्या जुलूस निकालने का शौक चर्राया है। पिछले जुलूस पर जो लाठी चार्ज हुआ था भूल गए।

नागरिक-4 : आप भूल जाएँ, मैं नहीं भूल सकता।

नागरिक-2 : तुमने वहाँ कौन-सा तीर मारा था?

नागरिक-4 : जैसे ही लाठियाँ चलीं, मैं भागा। एक सिपाही मेरे पीछे लपका। मैं आगे वो पीछे! उफ, बमुश्किल जान बची।

नागरिक-1 : मगर उस आन्दोलन से भी क्या हुआ। हालत वही है।

नागरिक-3 : लगता है, आप आग सुलगाकर ही रहेंगे!

नागरिक-4 : जब तक ये आग सुलगाएँ, हम बीड़ी सुलगा लें। माचिस दीजिएगा।

[नागरिक-3 से माचिस ले नागरिक-4 बीड़ी सुलगाता है।]

नागरिक-1 : आज सुबह से तबीयत बहुत परेशान है।

देवीलाल : पान खाइएगा?

नत्थू दर्जी : परेशान हमारी भी है।

नागरिक-3 : तुझे क्या हुआ दर्जी? किसी की शेरवानी गलत कट गई?

नत्थू : बिचारे जुग्गन धोबी का गधा मर गया।

नागरिक-4 : अजीब मजाक है। बीच में गधे के मरने की खबर कहाँ से ले आए।

नत्थू : इसे आप मजाक कह रहे हैं। उस गरीब धोबी के पेट भरने का वही तो एक सहारा था। कितने प्यार से जुग्गन उसे अलादाद खाँ कहता था! अल्लाह की नियामत समझता था उसे।

देवीलाल : अलादाद खाँ! उसे लेकर आज यहाँ बड़ा लतीफा हो गया।

नागरिक-4 : लतीफा? जरूर सुनाइए।

देवीलाल : मेरे यहाँ, साहब पान खाने तशरीफ लाते हैं जिनका नाम है अलादाद खाँ। उन नाटकवाले

साहब ने उन्हें कह दिया, अजी आप जिन्दा हैं, जुग्गन धोबी तो सुबह से ही आपके नाम पर रो रहा है। समझ रहा है आपका इन्तकाल हो गया।

नागरिक-4 : फिर अलादाद खाँ साहब क्या बोले?

देवीलाल : बहुत बिगड़े। कहने लगे, इस शहर में एक-से-एक छँटे हुए बदमाश रहते हैं।

नागरिक-4 : गलत क्या कहा! हम रहते ही हैं।

नत्थू : अलादाद खाँ क्या चला गया, बिचारे जुग्गन की दुनिया ही उजड़ गई।

[कोतवाल हाथ में बेंत लिये आता है।]

कोतवाल : आप सब लोग क्यों जमा हैं यहाँ? सुबह से देख रहा हूँ भीड़ लगी हुई है।

नागरिक-1 : बातें कर रहे हैं। क्या बातें करने के खिलाफ भी कोई कानून है?

कोतवाल : चुप रहो। लगता है, तुम लोग सल्तनत के खिलाफ बगावत की सोच रहे हो!

देवीलाल : पान खाइएगा हुजूर?

कोतवाल : जल्दी बना। नवाब साहब ने जरूरी मीटिंग बुलाई है।

देवीलाल : अभी लीजिए।

कोतवाल : मेरी बात का जवाब नहीं दिया तुम लोगों ने? यहाँ भीड़ लगा रखी है?

नागरिक-4 : अजी कोतवाल साहब, कल क्या बताएँ। शायद आपको वह दुख की खबर मिल ही गई होगी क्योंकि इस शहर की कोई बात आपसे छुप तो नहीं सकती।

कोतवाल : *(पान खाते हुए)* हाँ, बोलो।

नागरिक-4 : पता नहीं, ऊपरवाला क्यों हमसे नाराज है। हर सुबह एक कहर बरपा होने की खबर आती है।

कोतवाल : क्या हुआ?

नागरिक-4 : अलादाद खाँ गुजर गए। अल्ल सुबह यह हादसा हुआ। उसी के गम से हम सब यहाँ जमा हैं।

कोतवाल : हूँ...जनाजा कब उठेगा?

[अन्य नागरिक हँसी रोकने का प्रयत्न करते, उदास चेहरा लटकाए रहते हैं।]

नागरिक-4 : बस यही सोच रहे हैं। कुछ दूर के रिश्तेदारों का इन्तजार है। वे आ जाएँ तो चलें।

कोतवाल : ठीक है, कोई-न-कोई मरता ही रहता है इस बस्ती में।

[कोतवाल चला जाता है। नागरिक-4 हँसता है।]

नागरिक-3 : अजीब हो भाई।

नागरिक-2 : शहर कोतवाल के साथ मजाक करता है। जूते खाएगा किसी दिन।

नागरिक-1 : हम सब क्या यहाँ एक गधे की मौत पर मातम मनाने आए हैं?

नागरिक-4 : आ गए तो क्या हुआ? क्या आ नहीं सकते?

नत्थू : गरीबों के दुख-दर्द की बातें करते हैं, तकरीरें भी देते हैं। अगर उसके गम में हिस्सा भी बँटा लेंगे तो छोटे हो जाएँगे क्या?

[जुग्गन आता है, उदास बैठ जाता है। सब

उसके आसपास मातम मनाने की मुद्रा में बैठ जाते हैं।]

जुग्गन : हाय अलादाद!

नागरिक : अलादाद को भूलने की कोशिश करो जुग्गन! तुम्हारे दुख ने हम सबको दुखी कर रखा है। हम उस परम पिता परमात्मा से यही प्रार्थना करते हैं कि वे तेरे गधे की आत्मा को शान्ति दें और तेरे गुलशन में नया गधा भेजें।

कोरस

झर गया फूल, डार सूनी है,
हमसे उजड़ा हुआ गुलशन नहीं देखा जाता।
दिल का टूटा हुआ दर्पन नहीं देखा जाता।
हमसे उजड़ा हुआ गुलशन...
उम्र-भर के लिए इक दाग जिगर को दे के
क्या मिला मौत तुझे, जान गधे की ले के।
हमसे रोता हुआ जुग्गन नहीं देखा जाता।
हमसे उजड़ा हुआ गुलशन...
गुल हुआ ख्वाब तो काँटों से ही दामन भर लें।
हम भी सामान चलो अपने कफन का कर लें
आग की जद में नशेमन नहीं देखा जाता।
हमसे उजड़ा हुआ गुलशन...

[कोरस होने तक सभी जुग्गन धोबी को आँसू पोंछते ले जाते हैं। देवीलाल पानवाला भी चला जाता है। सूत्रधार 'दृश्य चार : दरबार' की तख्ती दर्शकों के सामने घुमा

जाता है। चिन्तक-1, चिन्तक-2 और चिन्तक-3 आते हैं। विचारकों और कल्पनाशील व्यक्तियों की मुद्रा बनाए घूमते हैं।]

चिन्तक-1 : क्या हम यहाँ समय से पहले आ गए?

चिन्तक-2 : नहीं। समय यहाँ हमारे पहले आ गया होगा।

चिन्तक-3 : मुझे कहीं-न-कहीं ऐसा लगता है और हो सकता है मैं ठीक भी हूँ कि समय और हम यानी हम और समय साथ-साथ ही आए हैं।

चिन्तक-2 : यह कैसे हो सकता है? जब हम यहाँ नहीं थे तब क्या यहाँ समय नहीं था?

चिन्तक-1 : यदि था भी तो इस बात की क्या गवाही कि था?

चिन्तक-3 : समय रहता है। वह तो वहाँ भी रहता है जहाँ कोई नहीं रहता। क्या चाँद पर समय नहीं होता?

चिन्तक-3 : अगर होता है तो यह क्यों कहा जाता है, मेरा मतलब यह प्रश्न स्वाभाविक है शायद कि यह क्यों कहा जाता है कि चाँद पर पहुँचने में समय लगेगा। इसका अर्थ यह है कि समय लगा हुआ है चाँद पर पहुँचने की कोशिश में।

चिन्तक-1 : अजीब गुत्थी है। अच्छा, सबसे पहले यह तय करें कि समय है क्या?

चिन्तक-3 : तीन बजनेवाले हैं।

चिन्तक-1 : मेरा मतलब समय कहते किसे हैं? उसका रूप-रंग क्या है? गोया वह एक चलती-सी चीज है, बहती-सी चीज है या एक ठहरी-सी चीज है।

चिन्तक-3 : समय किसी के लिए नहीं ठहरता। मेरे खयाल से।

चिन्तक-2 : जबकि समय के लिए सब ठहरते हैं।

चिन्तक-3 : मैं कहूँगा जो ठहरे रहते हैं, समय से वे चूक जाते हैं। समय तो प्रवाह है। बहता है पानी की तरह। जहाँ तक मैं सोचता हूँ समय बर्फ की तरह जमा हुआ नहीं है बल्कि बहता है।

चिन्तक-2 : आपकी घड़ी में क्या समय हुआ है?

चिन्तक-3 : मानना पड़ेगा कि बहुत गम्भीर प्रश्न किया है आपने। इससे समय की गति और स्वभाव को लेकर नई धारणाएँ बनती हैं। परन्तु ग्लास में पानी भर लेने से पानी का स्वभाव नहीं बदलता।

चिन्तक-1 : समय के इस सवाल पर हमें कौन बेहतर बता सकता है?

चिन्तक-3 : नवाब साहब। नवाब साहब ही शायद हमें इस विषय में बेहतर बता सकते हैं।

चिन्तक-2 : वे ही सुलझाएँगे हमारी गुत्थी। हमेशा वे ही सुलझाते हैं।

चिन्तक-3 : नवाब साहब...कैसा आला दिमाग पाया है हुजूर ने। मैं सोचता हूँ, मैं अकसर देर रात तक उनकी कही बातों पर विचार करता हूँ।

चिन्तक-2 : बत्ती बुझाना भूल तो नहीं जाते।

चिन्तक-3 : नहीं, प्रायः मैं बत्ती बुझाने के बाद ही सोचता हूँ। अकसर मैं उनसे सहमत रहता हूँ।

चिन्तक-2 : इसका मतलब कभी-कभी असहमत भी रहते हैं?

चिन्तक-3 : हाँ। प्रश्न उठते हैं मन में कई बार।

[चिन्तक-1 और चिन्तक-2 एक-दूसरे की ओर देखते हैं।]

चिन्तक-1 : स्वतन्त्र चिन्तक के रूप में क्या हम नवाब साहब

के विरुद्ध सोच सकते हैं?

चिन्तक-2 : प्रश्न कौन-से उठते हैं?

चिन्तक-3 : एक बात बन्दापरवर ने फरमाई थी कि चूँकि शायरी या कविता इनसान को बेहतर इनसान बनाती है इसलिए हमारी सल्तनत में शायरी और कविता जरूरी कर दी जानी चाहिए और जो शख्स खुद को कविता-शायरी से दूर रखेगा वह हमारा दुश्मन होगा, उसके हड्डे तोड़ दिए जाएँगे।

चिन्तक-1 : इस पर आपने क्या सोचा?

चिन्तक-2 : आपने क्या सोचा इस पर?

चिन्तक-3 : सोच रहा था कि कविता-शायरी से ताल्लुक न रखनेवाले को दुश्मन समझना कहीं जुल्म की हद में तो नहीं आता?

चिन्तक-2 : इसका मतलब आप नवाब साहब को जालिम करार दे रहे हैं।

चिन्तक-3 : नहीं-नहीं, यह तो मैं सोच भी नहीं सकता। सिर्फ यह सोच रहा था कि अगर कविता इनसान को बेहतर इनसान बनाती है तो उसे एक प्रशासक को, एक नवाब को बेहतर नवाब बनाना चाहिए अर्थात् ऐसे में हड्डियाँ तोड़ना या कोई और जुल्म करना यह सिद्ध तो नहीं करेगा कि नवाब साहब बेहतर प्रशासक या इनसान नहीं हैं। मेरा मतलब एक ओर यह बात कविता और मनुष्य के रिश्तों को ठीक परिभाषित करती है पर जरूरी है कि इसी सन्दर्भ में इनसान और प्रशासक के अन्तर पर, यदि कोई है तो प्रकाश डाला जाए। हो सकता है इतिहास इस बारे में मदद करे।

[सूत्रधार आता है और नवाब की कुर्सी रख चला जाता है। चिन्तक कुर्सी देखते ही अदब से झुककर खड़े हो जाते हैं। कोरस।]

आए नवाब आए, आए नवाब आए
ले अपना बैंड बाजा देखो जनाब आए
उठिए अदब से उठिए ख्वाबों-के-ख्वाब आए
जब भी जनाब आए बड़े बेहिसाब आए
आए नवाब आए, आए नवाब आए

[कोरस होने तक नवाब साहब अपनी विशिष्ट अदाओं से प्रेक्षागृह में बैठी प्रजा पर नजरें डाल अपने चिन्तकों, मुसाहिबों के सलाम स्वीकार करते, कुर्सी पर बैठ जाते हैं। दरबारी भी आ जाते हैं। कोरस समाप्त हो चुका है और अब चुप्पी है। फिर नवाब का भाषण होता है।]

नबाव : कहना न होगा और न कहा जाए तो कहा जाएगा कि मैंने कहा नहीं, पर कहें-न-कहें क्योंकि कहनेवाले तो कहते ही हैं और जो नहीं कहना चाहता वह क्यूँकर कहेगा कि मुल्क के लिए हमने किए हैं जो काम वे ज्यादा हैं कहीं उन वादों से जो हमने दिए थे जो हमारी मजबूरी थी जैसा कि आप जानते हैं। और यह खुशी की बात है कि आप जानें वह सब जो जानना चाहिए आपको जैसे जेल की दीवारों को दो-दो मीटर ऊपर उठाया जाना, आपने देखा होगा हमारा फर्ज था और आपका कि आप देखें कि दीवारें दो-दो

मीटर ऊपर उठीं। यह काम इस मुल्क के इतिहास में पहली बार हुआ है। पहले दीवारें दो-दो मीटर नीचे थीं। इसके पीछे एक मकसद था हमारा। जो रहता है अकसर हमारे नेक कामों के पीछे कि काम मिले हमारे मुल्क के ठेकेदारों को, दूसरे उन बहादुर चोर, उचक्कों, डाकुओं और खूनियों को जो जेल की दीवारें फाँदते हैं, उनके सामने एक नई चुनौती हमने खड़ी की, चुनौती नई और हमें उम्मीद है पूरी कि वे उसे महसूस करेंगे और फाँदने की कोशिश करेंगे क्योंकि लगन और मेहनत से ही इनसान आगे बढ़ता है, मुल्क आगे बढ़ता है। दोनों भी आगे बढ़ जाएँ तो कोई हर्ज नहीं। न भी बढ़ें तो मुल्क, मुल्क है इनसान, इनसान। वे रहेंगे, उन्हें रहना चाहिए, हम चाहते हैं कि वे रहें। यह हुई जिस्म और सेहत से ताल्लुक रखनेवाली बातें। अब हम रुहानी और लिटरेचर की बातों का जिक्र करेंगे क्योंकि हमने चन्द सोचने-समझनेवालों को नौकर रखा है अपने यहाँ जो कि हमारी खास निगरानी में सोच-समझ रहे हैं, जिससे मुल्क को फायदा हुआ है, खासतौर से औरतों को लेकर जो नजरिए और खयालात पेश किए गए उससे जाती तौर पर हमें और मुल्क को भी फायदा हुआ है, जिसका जिक्र हम करना चाहेंगे कि यह काम बढ़े जिससे मदद पूरी मिलेगी अगर माँगी जाए। इसके बाद हमारी कुछ फिक्रें हैं मुल्क को लेकर क्योंकि बावजूद इन अहम कामों के हमारी गौरमेंट की तसवीर उर्फ वह अक्स जो रहना

चाहिए प्रजा के दिल में वह उतना चमकदार नहीं है जैसा कि जरूरी है और होना चाहिए जरूरी। जैसा बर्तानिया में है दीगर मुल्कों में जिनके नाम हमें नहीं पता। दरअसल हम एक ऐसा नेक और बड़ा काम करना चाहते हैं जिससे पब्लिक अपने ख्वाबों में भी हमारे ही जुलूस देखे और हमारी इज्जत में उनकी गर्दनें सिर मुँडवाते वक्त, नहाते वक्त, खाना खाते वक्त गरज यह कि हर वक्त झुकी रहें। वे लोग जो इतिहास लिखने के लिए हमारे नौकर हैं इस बात को नोट करें कि आज की तारीख हमारा ध्यान इस बात पर गया कि गौरमेंट की तसवीर बेहतर बने और हम फौरन इस काम पर जुट गए। बस आज के लिए इतना काफी है। अरे भई सिगरेट दो, है किसी के पास?

[तीनों चिन्तक नवाब को सिगरेट जलाने में मदद करते हैं।]

चिन्तक-1 : हुजूर ने जो कहा वह अँधेरे में टार्च की रोशनी के जैसा है।

नवाब : हम तो हमेशा ऐसी ही नई-नई बातें कहते हैं। हमारे दिमाग में बचपन से बड़ी अच्छी-अच्छी बातें आती हैं।

चिन्तक-2 : जेल की दीवारें ऊपर उठाने से शहर बहुत खूबसूरत हो गया हुजूर!

नवाब : हम जानते थे। हम इस बात को पहले से जानते थे।

चिन्तक-3 : मैं अकसर सोचता हूँ कि ऊपरवाले ने जैसा दिमाग, जो जहनी ताकत, आपको दी ऐसी वह

अगर सारे इनसानों को देता तो आज दुनिया कहाँ होती!

नवाब : नहीं-नहीं, ऊपरवाला ऐसा कभी नहीं करता। वह चाहता भी नहीं। उसने हमें दिमाग दिया। वह यही चाहता था।

चिन्तक-1 : उसकी जरूर यही मंशा रही होगी। तभी आप इतना सोचते हैं।

नवाब : यही मैं कह रहा था मैं सोचता हूँ। बताओ किस बारे में तुम मेरे खयाल जानना चाहते हो?

चिन्तक-1 : हुजूर, अभी हम वक्त पर बहस कर रहे थे।

नवाब : बहुत अच्छा कर रहे थे। यही तो बहस का वक्त है।

चिन्तक-1 : क्या होता है, कैसा होता है उसका रूप-रंग, वक्त और इनसान के रिश्तों को लेकर बहुत दिलचस्प बहस छिड़ गई थी।

नवाब : वाह-वाह, कई बार दिल करता है तुम लोगों की पगार बढ़ा दें। फेलोशिप दिलवा दें, खाते रहना ठाठ से। भई वाह, बहुत अच्छा सोच लेते हो।

चिन्तक-1
चिन्तक-2
चिन्तक-3 : हुजूर की इनायत है।

नवाब : मगर हमारी मानो, वक्त पर न सोचो। उस पर हम पहले ही सोच चुके हैं। हमने सोचा था, क्या सोचा था, हाँ कि इनसान को वक्त का पाबन्द होना चाहिए। वक्त बहुत कीमती होता है इसलिए लोगों को चाहिए कि वक्त को बचाएँ, वक्त का खयाल रखें और उसे जाया न करें। नोट करो, नोट करो। अच्छी-अच्छी बातें मुँह से

निकलती रहती हैं और कोई नोट नहीं करता। यही बदइन्तजामी तो हमें नापसन्द है। फिर कल शिकायत करेंगे कि तालीमयाफ्ता लोगों को पढ़ने के लिए अच्छी किताबें नहीं मिल रहीं।

[तीनों चिन्तक नोट करने लगते हैं।]

नवाब : *(धीमी गति से कहता है)* वक्त किसी के लिए नहीं ठहरता। वक्त की चाल निराली है।

[सहसा]

निराली चाल से याद आया, आज हमारे कोतवाल नहीं नजर आ रहे।

चिन्तक-1 : वे अभी तक तशरीफ नहीं लाए।

नवाब : वजह? वजह? वजह जानना हम कोतवाल के होने से ज्यादा जरूरी समझते हैं।

चिन्तक-2 : एक वजह तो हुजूर यही कि वे कोतवाल हैं।

नवाब : वक्त कोतवाल से बड़ा होता है।

[सहसा अपनी कही बात पर मुग्ध होकर]

वाह, क्या बात है! क्या कह गए हम। वक्त कोतवाल से बड़ा होता है!

चिन्तक-1 : इतने हसीन लफ्जों में किसी ने वक्त को बयान नहीं किया।

चिन्तक-2 : कहाँ वक्त और कहाँ गरीब कोतवाल! वक्त बड़ी चीज है।

चिन्तक-3 : यह कहकर नवाब साहब ने वक्त को एक ओहदा दे दिया है।

नवाब : वक्त कोतवाल से बड़ा होता है। अरे भई, शहर

की कोतवाली के ऊपर घड़ी लगाओ। हमारा हुक्म है कि शहर कोतवाली के ऊपर घड़ी लगे। इसी तरह बात से बात निकलती है और खूब निकलती है। वाह, वक्त कोतवाल से बड़ा होता है!

[गरजकर]

कहाँ है कोतवाल? कोई बताए उसे कि वक्त कोतवाल से बड़ा होता है।

[कोतवाल प्रवेश करता है, झुककर सलाम करता है।]

नवाब : आ गए। आ गए आप। आपको पता है कि वक्त कोतवाल से बड़ा होता है?

कोतवाल : जी हुजूर, मुझे पता है।

नवाब : और सुनिए, जो बात हमने अभी-अभी सोची वह इसे पहले से पता है।

चिन्तक-1 : यह बेअदबी है, सरासर बेअदबी।

चिन्तक-2 : यह झूठ है।

चिन्तक-3 : हाँ, अभी तो कोतवाली के ऊपर घड़ी भी नहीं लगी। इन्हें कैसे पता कि वक्त कोतवाल से बड़ा होता है।

कोतवाल : कोई गलती, कोई बेअदबी हो गई हो तो मैं माफी चाहता हूँ।

नवाब : पहली बेअदबी यह कि तुम वक्त पर नहीं आए। शायद तुम नहीं जानते कि वक्त की चाल तुमसे भी ज्यादा निराली होती है। तुम आओगे तब तक निकल जाएगा।

कोतवाल : हुजूर, क्या बताऊँ, मैं आ रहा था मगर रास्ते में देखा कि एक जगह बड़ी तादाद में लोग जमा हैं।

नवाब : क्यों? वो सर्कस आ गया जो आनेवाला था?

कोतवाल : नहीं हुजूर, सर्कस तो अभी तक नहीं आया।

नवाब : फिर भीड़ क्यों थी?

कोतवाल : पूछने पर पता लगा, अलादाद खाँ का इन्तकाल हो गया।

चिन्तक-1
चिन्तक-2 } : ऐं...कब? अलादाद खाँ साहब गुजर गए।
चिन्तक-3

कोतवाल : जी। वहाँ खड़े सभी लोगों के चेहरों पर उदासी छाई थी, कोई रो रहा था, कोई सिसकियाँ भर रहा था।

चिन्तक-1 : उफ, काश हम वहाँ होते तो एक रिपोर्ताज लिखते!

कोतवाल : शहर कोतवाल और आपके खादिम होने के नाते मेरा फर्ज था कि मैं वहाँ कुछ देर के लिए रुकूँ और मरहूम के घर के लोगों को धीरज बँधाऊँ?

नवाब : तुमने बँधाया धीरज?

कोतवाल : जी बँधाया।

नवाब : बँधा?

कोतवाल : कुछ-कुछ बँधा। जी, काफी बँधा मगर इसी वजह से आपकी खिदमत में आने में मुझे देरी हो गई। मैं मुआफी चाहता हूँ।

नवाब : अरे भई वाह, अरे भई खूब। यह तुमने अच्छा किया जो रुक गए।

चिन्तक-2 : आखिर शहर कोतवाल ठहरे।

नवाब : इसी से तो पब्लिक के दिल में गवर्मेंट की अच्छी तसवीर बनती है। हम तुमसे बहुत खुश हुए। क्या पगार है तुम्हारी?

कोतवाल : *(गिनकर बताता है)* कट-कुटाकर मुश्किल से तीन सौ पड़ते हैं।

नवाब : कोतवाल हो शहर के, कुछ ऊपर से बना लेते होगे?

कोतवाल : हुजूर की मेहरबानी!

नवाब : जारी रखो। भई वाह, खूब। क्या नाम बताया उसका जो मर गया?

कोतवाल : अलादाद खाँ।

नवाब : काफी भीड़ जमा थी?

कोतवाल : जी हाँ।

नवाब : लोग रो रहे थे?

कोतवाल : जी।

नवाब : तुम भी रोए होगे?

कोतवाल : चेहरे को उदास बना लिया था।

नवाब : लोगों के लिए इतना काफी है। अरे भई, इसका बड़ा असर पड़ता है।

चिन्तक-1 : क्यों नहीं पड़ता, जरूर पड़ेगा।

चिन्तक-2 : चेहरे का ही तो असली असर है।

चिन्तक-3 : दिल में भाव भी हों तो कहना ही क्या!

नवाब : हम ऐसे मौकों पर यही करते हैं। चेहरे को तो उदास बना ही लेते हैं मगर बाज मौकों पर दिल में भाव भी पैदा कर लेते हैं। जैसे कहीं बाढ़ आई या सूखा पड़ा तो गए, चेहरे को उदास बनाकर एक चक्कर लगा आए।

कोतवाल : पिछली बाढ़ में आपने हेलीकॉप्टर पर चढ़कर पूरा नजारा देखा था। सारी बस्तियाँ डूबी हुई थीं।

नवाब : बड़ा असर पड़ता है लोगों पर। हमारे वालिद कहा करते थे कि हुकूमत का पहला उसूल यह है कि आम आदमी को बेवकूफ बनाए रखो।

[सारा दरबार इस बात पर 'वाह-वाह' करने लगता है।]

चिन्तक-2 : पूरी राजनीति का निचोड़ है यह, निचोड़।

चिन्तक-1 : मन्त्र है यह, महामन्त्र।

चिन्तक-3 : *(डायरी निकालकर)* मुझे जरा नोट करा दीजिए। हुकूमत का पहला उसूल यह है कि आम आदमी को बेवकूफ बनाए रखो।

नवाब : एक बार, तुम्हें याद होगा चिन्तको, हमने कह दिया, क्या कह दिया हमने कि हम तुम्हारी गरीबी हटा देंगे। बोल आए हम, गरीबी हटाओ।

चिन्तक-3 : वह तो आपका ऐतिहासिक भाषण था श्रीमान्।

नवाब : आम लोग बड़े खुश, नवाब साहब गरीबी हटाएँगे।

चिन्तक-3 : बड़ी उम्मीदें जाग गई थीं लोगों में।

नवाब : जो कि बहुत जरूरी है। उम्मीद जगाना।

चिन्तक-1 : वह तो जगी रहनी चाहिए। इसी को तो आशावाद कहते हैं।

नवाब : पत्रकार आए पूछने। आप गरीबी कैसे हटाएँगे? हमने कहा कड़ी मेहनत कीजिए, हट जाएगी। इतना-सा मुँह लेकर चले गए।

चिन्तक-2 : बेचारे पत्रकार!

नवाब : दूसरे पत्रकार आए। गरीबी कैसे हटाएँगे? हमने कहा आजकल यही सोच रहे हैं, प्लानिंग चल रही

है, इसी काम में लगे हुए हैं। वो भी इतना-सा मुँह लेकर चले गए।

चिन्तक-1 : बड़ी चर्चा थी अखबारों में। बड़ी स्पीचें हुईं।

नवाब : जो कि हमारा मकसद था। उसूल की बात यह है कि आम आदमी को बेवकूफ बनाए रखो। अरे भई, क्या नाम बताया? उस आदमी का, नाम क्या है जो मर गया?

कोतवाल : अलादाद खाँ।

नवाब : तो सुनो हमें एक खयाल आया।

चिन्तक-1 : बहुत अच्छा खयाल होगा हुजूर, तभी आया।

नवाब : एक झटके में पब्लिक के दिल में हमारे लिए गहरी जगह बन जाएगी। गहरी जगह। हमने तय किया है कि अलादाद खाँ के जनाजे में हम भी शरीक होंगे।

चिन्तक-3 : क्या कह रहे हैं!

चिन्तक-2 : इतिहास में आज तक किसी ने इस बुलन्दी को नहीं छुआ।

चिन्तक-1 : जिस समाजवाद का जिक्र किताबों में है, वह आ गया। मैं कहता हूँ आ गया समाजवाद। एक नवाब गरीब की मौत में शरीक हो रहा है। और समाजवाद क्या होता है, जान लोगे क्या किसी की!

नवाब : और क्यूँ नहीं हम अलादाद खाँ के मरने का अफसोस जरा बड़े पैमाने पर मनाएँ। उसे विदाई हम देंगे यानी सारा मुल्क देगा, यानी हम देंगे।

कोतवाल : यह हो सकता है, बखूबी हो सकता है। इसके लिए जो इन्तजाम जरूरी होगा, वह किया जाएगा।

नवाब : तय रहा कि गरीब का जनाजा जरा धूम से उठेगा, राजमहल से उठेगा जिसे कन्धा हम देंगे। दफ्तर-दुकानें बन्द, स्कूलों की छुट्टी, रेडियो से सिर्फ सारंगी बिना तबले के बजेगी और मातमी बैंड के साथ जाएगा जनाजा अलादाद खाँ का कब्रस्तान तक। कन्धा हम देंगे। अबे ओ, वो काली अचकन प्रेस कर जल्दी जो हम मातम के मौकों पर पहनते हैं। घोषणा कर दो कि लोग भीड़ लगाएँ। हमारा हुक्म है कि लोग भीड़ लगाएँ।

चिन्तक-3 : अल्लाह हमारे नवाब को बड़ी उम्र दे।

चिन्तक-1 : मगर आप जनाब फरमा रहे थे कि शायरी इनसान को बेहतर नवाब बनाती है तो वह एक नवाब को बेहतर नवाब क्यों नहीं बनाती?

चिन्तक-2 : आपको शक था नवाब के बेहतर नवाब होने पर।

नवाब : क्या कहा? हम बेहतर नवाब नहीं हैं।

चिन्तक-3 : हुजूर मेरा मतलब था...।

नवाब : कोतवाल, इसका सर कलम किया जाए। फौरन कलम। जरूरत नहीं है हमें ऐसे सोचने-समझनेवालों की। जरूरत नहीं है जिनके दिमाग में हमारे खिलाफ बातें आएँ।

चिन्तक-3 : मैं आपकी बहुत इज्जत करता हूँ...।

नवाब : सो तो करनी चाहिए, उसका मरने-जीने से क्या ताल्लुक! कोतवाल...।

कोतवाल : हुजूर...।

[चिन्तक-3 की गर्दन दबोच लेता है।]

एक तो कम हुआ।

[नवाब चला जाता है। कोतवाल चिन्तक-3 को ले जाने लगता है।]

चिन्तक-3 : मित्रो, मुझे बचाओ, मेरे लिए कुछ करो।

चिन्तक-1 : हम क्या कर सकते हैं?

चिन्तक-2 : हम तुझ पर लम्बी कविता लिखने के अतिरिक्त क्या कर सकते हैं?

चिन्तक-1 : पर फिलहाल हम अलादाद खाँ पर लिखेंगे, क्योंकि वही सामयिक है और लाभप्रद।

[कोतवाल चिन्तक-3 को ले जाता है खींचकर।]

चिन्तक-3 : नहीं...नहीं...मुझे बचाओ...।

चिन्तक-1 : तुम्हें अलादाद के बारे में कुछ पता है?

चिन्तक-2 : नहीं। गरीब था। और हम गरीब पर लेख तो कभी भी लिख सकते हैं। उसमें जानकारी की क्या जरूरत!

[चिन्तक-1 और चिन्तक-2 गम्भीर साहित्यिक चर्चा में खो जाते हैं।]

दरबारी-1 : नवाब की सल्तनत में चारों तरफ अमन है।

शेष दरबारी : नवाब की सल्तनत में चारों तरफ अमन है।

दरबारी-2 : नवाब के राज में सब सुखी हैं।

शेष दरबारी : नवाब के राज में सब सुखी हैं।

दरबारी-3 : सब सुखी हैं, सब अमन से हैं।

शेष दरबारी : सब सुखी हैं, सब अमन से हैं।

दरबारी-4 : चारों तरफ कानून का पहरा है।

शेष दरबारी : चारों तरफ कानून का पहरा है।

[कोतवाल खुली तलवार ले मंच से गुजरता है। रस्सी से बँधा चिन्तक-3 धीरे-धीरे सिर झुकाए उसके पीछे चला जाता है। चारों दरबारी उसके पीछे दो-दो की कतार में। बौद्धिक चर्चा में लीन, चिन्तक-1 और चिन्तक-2 उस ओर नहीं देखते।]

अंक : दो

[परदा उठने पर देखते हैं कि सूत्रधार 'अंक दो, दृश्य एक : बाजार' की तख्ती लिये खड़ा है। बाजार का दृश्य बनने लगता है। देवीलाल, पानवाला, रामकली, नत्थू दर्जी, जुग्गन धोबी, चारों नागरिक आने लगते हैं। वातावरण में एक चहल-पहल और नई खबर सुनने की उत्तेजना है। रामकली पान खाकर चली जाती है। तख्ती रख देने के बाद सूत्रधार भी विंग्स से जाकर लौट आता है और बातचीत करते इन लोगों में मिल जाता है।]

नागरिक-1 : सुना आपने, अलादाद खाँ साहब गुजर गए।

नागरिक-2 : जी हाँ, मैंने अभी-अभी रेडियो से सुना।

नागरिक-3 : मौत का क्या ठिकाना साहब, कब आ जाए!

नागरिक-4 : कौन साहब थे ये? नाम कुछ सुना-सुना सा लगता है।

जुग्गन : अलादाद...ओ अलादाद!

नत्थू दर्जी : इसे अपना गधा याद आ रहा है। अरे भई, लोग तुम्हारे अलादाद का जिक्र नहीं कर रहे।

नागरिक-4 : ये जो खुदा को प्यारे हुए, थे कौन?

नागरिक-1 : यह वक्त मजाक का नहीं है। आप जानते नहीं कि अलादाद खाँ के मरने की खबर से चारों तरफ कैसी उदासी छा गई है।

नागरिक-4 : मजाक कौन कर रहा है! भगवान् अलादाद खाँ की आत्मा को शान्ति दे, हमारे बाप का क्या जाता है इसमें!

नागरिक-3 : सरकारी इमारतों पर झंडे आधे झुक गए। रेडियो सुनिए तो पता चलेगा खबर क्या है।

नागरिक-1 : भई, वहाँ तो सिर्फ सारंगी बज रही है।

नागरिक-3 : बीच-बीच में खबरें भी आ जाती हैं। मैंने अभी सुना कि जनाजा शाही महल से उठेगा।

नागरिक-2 : अभी अलादाद खाँ की याद में शायरों ने नज्में सुनाई थीं। सुनकर आँखों में आँसू आ गए।

नागरिक-4 : और कहाँ आएँगे?

[नेपथ्य से उद्घोषक का स्वर। सब सुनते हैं।]

उद्घोषक : सुनिए, सुनिए, नवाब साहब नागरिकों के नाम एक अपील करते हैं। सुनिए।

नवाब : ऐसे मौके पर जैसा कि यह मौका है आप सब जानते हैं कि हम बहुत गहरे रंज में डूबे हुए हैं जैसे कि आप डूबे हुए हैं, कहने का मतलब यह कि हम सब डूबे हुए हैं। अलादाद खाँ साहब के गुजर जाने से जिसका गहरा सदमा हमें पहुँचा है जो कि जाहिर है क्योंकि अलादाद खाँ साहब नहीं रहे। जानेवाले जाते हैं चूँकि उन्हें जाना है और वे जाएँगे मगर ऐसे मौकों पर चाहे वे गरीब हों

या अमीर, किसी पोस्ट पर हों या रिटायर हो चुके हों, हमारा फर्ज बनता है कि हम अफसोस करें, तब जब वे जाने को हों या चले जाएँ। जैसे अलादाद खाँ। इसलिए हमने यह तय किया है कि हम पूरे तेरह दिनों, जिसमें रातें भी शामिल हैं, मातम में रहेंगे, यानी इस पूरे वक्त सिर्फ जरूरी फाइलें देखेंगे मसलन छुट्टी की दरख्वास्त वगैरा या तबादलों की सिफारिशें। सारे दफ्तर बन्द रहेंगे। पुलिस, मुन्सीपाल्टी, राशन, पानी, बिजली, सिटी बस, सेलटैक्स, इनकम टैक्स, कस्टम, अस्पताल और लॉ डिपार्टमेंट को छोड़कर यों हमारी नजर में सभी जरूरी हैं बाकी बन्द रहेंगे इस कोशिश के साथ कि काम होता रहे। अलादाद खाँ एक बहुत बड़ी शख्सियत थी और वे हमेशा हमारे करीब रहे हैं। अलादाद खाँ की यादगार को पक्की करने के लिए हम जल्दी ही कमेटी का ऐलान करेंगे, जिसमें वे ही लोग रहेंगे, जो हमेशा कमेटियों में रहते आए हैं और जिन्हें कमेटियों में रखने का रिवाज है। यह कमेटी, एक कमेटी होगी और यह वही करते हुए जो कमेटियाँ करती रही हैं, अलादाद खाँ की याद को अमर बनाएगी जो कि अमर है क्योंकि अलादाद खाँ जैसे लोग कभी मरते नहीं हालाँकि उनके इन्तकाल की खबर सही है।

नागरिक-4 : यार, एक सिगरेट देना।

देवीलाल : पैसे निकालो।

नागरिक-4 : अफसोस के मौकों पर मजाक पसन्द नहीं हमें। सारे बैंक बन्द हैं। कह रहा है पैसे निकालो।

[देवीलाल सिगरेट दे देता है।]

नागरिक-1 : यानी मातम तेरह दिनों तक मनाया जाएगा।

नागरिक-4 : अजी बड़े आदमी की मौत से यही तो फायदा है कि छुट्टी हो जाती है। लोग अपने घरों पर बीवी-बच्चों से चिपककर अफसोस मनाते हैं कि हाय वह बड़ा आदमी नहीं रहा। आज क्रिकेट की कमेंटरी नहीं चल रही कहीं से?

नागरिक-3 : शव-यात्रा का आँखों देखा हाल सुनाया जाएगा।

सूत्रधार : मुझसे कह रहे थे रेडियोवाले कि मैं अलादाद की जिन्दगी पर एक फीचर लिखकर दे दूँ जिसे वो ब्राडकास्ट कर सकें।

नागरिक-2 : आपने फौरन लिख दिया होगा।

सूत्रधार : मैंने इनकार कर दिया।

नागरिक-4 : क्यों, आपको रंज नहीं है?

सूत्रधार : जब उन्होंने मुझसे शव-यात्रा का आँखों देखा हाल रेडियो से सुनाने को कहा तो मैं इनकार न कर सका। मगर सच बात यह है कि मुझे अलादाद खाँ साहब के बारे में कोई जानकारी नहीं।

नागरिक-4 : जानकारी तो खैर हमें भी नहीं मगर किसी के मरने का अफसोस कर लेने से अपने बाप का क्या जाता है!

नागरिक-1 : इसलिए कि हम जाहिल हैं।

नागरिक-2 : ठीक कह रहे हो।

नागरिक-1 : हमारे मुल्क में कितनी बड़ी-बड़ी हस्तियाँ हुई हैं, जिनकी वजह से इस देश का नाम आज दुनिया में रोशन हो रहा है। जैसे...जैसे...।

जुग्गन : अलादाद!

नत्थू : यार, अब चुप भी रहो, जो चला गया सो लौटकर नहीं आएगा।

देवीलाल : कल अखबारों में मरहूम अलादाद खाँ की पूरी जिन्दगी आ जाएगी छपकर। अभी हमारी मानिए तो बीड़ी-सिगरेट जो भी लेना हो लेकर रख लीजिए क्योंकि कहीं हुक्म आ गया कि दुकानें बन्द की जाएँ, तो हम मजबूर हो जाएँगे और आपको दिक्कत पड़ेगी।

नागारिक-2 : लाओ दो पैकेट सिगरेट और माचिस दे दो। शोक में दुकानें बन्द हो सकती हैं।

नागरिक-4 : मुझे भी दे दीजिए, पैसे फिर ले लेना।

सूत्रधार : *(देवीलाल से)* क्यों भई, कहीं वे अलादाद खाँ साहब जिनसे उस दिन तुम्हारी दुकान पर मुलाकात हुई थी, वे तो इस दुनिया से नहीं चलते हुए।

देवीलाल : आप भी खूब मजाक करते हैं। उस दिन भी वे बुरा मान गए थे जब आपने उन्हें जुग्गन धोबी के गधे से जोड़ा। वे ठहरे साधारण गरीब आदमी...।

सूत्रधार : यही तो कहा जा रहा है, बयान नहीं सुना कि अलादाद खाँ ने हमेशा गरीबी की जिन्दगी बिताते हुए देश और समाज की सेवा की है। उनके इसी त्याग और तपस्या से नवाब साहब अत्यन्त प्रभावित रहे थे।

नागरिक-1 : अलादाद खाँ की क्षति राष्ट्रीय क्षति है जिसकी पूर्ति नहीं हो सकती।

जुग्गन : ओ अलादाद...।

देवीलाल : होगा साहब, यह अलादाद खाँ तो महीने-भर से साले साहब की सेवा में लगे हैं। रोज बच्चों को स्कूल और बीवी को अस्पताल ले जाने के लिए यहाँ से गुजरते हैं।

[नेपथ्य से घोषणा सुनाई देती है।]

उद्घोषक : दुकानें बन्द कर दीजिए। अपनी-अपनी दुकानें बन्द कर दीजिए। अलादाद खाँ साहब के इन्तकाल का शोक तीन दिनों तक पूरे राज्य में मनाया जा रहा है।

देवीलाल : चलिए-चलिए, हटिए यहाँ से।

नागरिक-3 : अरे भई, ऐसी भी क्या जल्दी है।

देवीलाल : सुना नहीं, हुक्म हो गया है दुकान बन्द करने का।

सूत्रधार : दो पान तो बाँध दो।

देवीलाल : इतनी देर क्या कर रहे थे? हुँह!

[पान बनाकर देता है।]

नत्थू : चल भई जुग्गन, उठ।

जुग्गन : *(उठते हुए)* अलादाद!

नत्थू : सरकार ने पूरे तीन दिन दिए हैं तुझे अपने गधे को याद करने के लिए। तब तक दुकान बन्द रखना है। चल, घर चल।

जुग्गन : जब से अलादाद गया, घर सूना-सूना लगता है नत्थू!

नत्थू : भगवान की यही मर्जी थी भैया। उसके आगे किसका बस चला है। बड़े-बड़े अलादाद खाँ चले गए तो तेरा गधा क्या चीज है।

[सब धीरे-धीरे बाजार से जाने लगते हैं।]

नागरिक-1 : आप जनाजे में शरीक होंगे?

नागरिक-2 : सोच रहा हूँ। जाना चाहिए। आप?

नागरिक-1 : मैं तो यहीं से देख लूँगा।

नागरिक-3 : हम तो रेडियो पर आँखों-देखा हाल सुन लेंगे।

नागरिक-4 : जनाजा कब निकलनेवाला है?

नागरिक-1 : पता नहीं। अभी घोषणा नहीं हुई।

[सब मंच से चले जाते हैं। चिन्तक-1 और चिन्तक-2 प्रवेश करते हैं।]

चिन्तक-1 : अब क्या होगा?

चिन्तक-2 : अब क्या हो सकता है?

चिन्तक-1 : जिसे हम सब अलादाद समझ रहे थे, वह गधा था।

चिन्तक-2 : महल से राजकीय सम्मान से निकलनेवाली शव-यात्रा के सारे इन्तजाम हो चुके।

चिन्तक-1 : मैंने लम्बा लेख भी लिख लिया।

चिन्तक-2 : तुम लेख को रो रहे हो, पूरी गवर्मेंट हिल जाएगी नवाब की। सब मजाक बनाएँगे।

चिन्तक-1 : नवाब सुनेंगे तो बेहोश हो जाएँगे।

चिन्तक-2 : अगर ऐसा हुआ तो हम उन्हें पहली बार बेहोश देखेंगे।

चिन्तक-1 : अलादाद खाँ...एक गधा!

चिन्तक-2 : मगर हम गधे को आदमी तो नहीं कर सकते।

चिन्तक-1 : हम क्या कर सकते हैं?

चिन्तक-2 : हम कुछ नहीं कर सकते।

चिन्तक-1 : काश, उस गधे को पता होता तो वह आदमी होता।

चिन्तक-2 : मैं सोचता हूँ, यह अन्याय होगा।

चिन्तक-1 : ऐसा भारी शब्द क्यों बोल रहे हो?

चिन्तक-2 : अगर अलादाद खाँ, एक गधा है और वह मरा है तो जनाजा उसका ही निकलना चाहिए।

चिन्तक-1 : शानदार जनाजा, जिसे नवाब साहब कन्धा देंगे। गधे का भाग्य देखिए!

चिन्तक-2 : ऐसे अवसर पर उसे आदमी होना चाहिए था। उस गधे को पता नहीं था, नहीं तो वह जरूर होता!

चिन्तक-1 : अच्छा हो हम यह खबर नवाब साहब को सुनाएँ कि अलादाद एक धोबी के गधे का नाम था जो गुजर गया।

चिन्तक-2 : मगर सारी तैयारियों का क्या होगा?

चिन्तक-1 : जाहिर है वह गधे के काम आएँगी।

कोरस

ये अन्धा शहर है अन्धा शहर
इस अन्धे शहर का क्या कहना
बाहर कुछ है अन्दर कुछ है
बाहर-अन्दर का क्या कहना
कुछ दाम तो कुछ बेदाम बिके
कुछ नाम तो कुछ बेनाम बिके
बिकने को बिके सब लोग मगर
कुछ सुबह बिके कुछ शाम बिके
गिरवी है यहाँ हर एक नजर
हर एक नजर का क्या कहना
हँसना भी यहाँ लाचारी है
रोना भी यहाँ लाचारी है
हँसने-रोने के बीच कहीं

होना भी यहाँ लाचारी है
लाचारी है जीवन का सफर
जीवन के सफर का क्या कहना।

[कोरस चलने तक, चिन्तक-1 और चिन्तक-2 चले जाते हैं। सूत्रधार आता है, नवाब की कुर्सी रखता है और एक तख्ती जिस पर लिखा है, 'दरबार', दर्शकों के सामने घुमा, चला जाता है। दोनों चिन्तक आते हैं और कुर्सी के पास नम्रता से खड़े हो जाते हैं। नवाब आता है।]

नवाब : हमने सोच लिया है कि हम अलादाद खाँ की शोक-सभा में क्या बोलेंगे और यह हमने खुद सोचा कि सोचने और बोलने का ताल्लुक गहरा है यानी हम जो सोचते हैं सो बोलते हैं और जो बोलते हैं सो सोचते हैं। हालाँकि अकसर ऐसा भी होता है कि हम जो बोलते हैं सो सोचते नहीं और जो सोचते हैं सो बोलते नहीं क्योंकि कुछ मामलों में सोचना क्या और बोलना क्या?

चिन्तक-1, चिन्तक-2 : हुजूर, एक खबर है।

नवाब : खबरें बाद में, पहले भाषण होगा हमारा क्योंकि यह समझना जरूरी है कि जब तक भाषण नहीं होगा खबर कैसे बनेगी और अगर बन भी गई तो वह क्या होगी और क्यों होगी, क्योंकि खबर के लिए भाषण जरूरी है।

चिन्तक-1, चिन्तक-2 : हुजूर, अलादाद खाँ...।

नवाब : हाँ, अलादाद खाँ, भाषण का विषय होगा अलादाद खाँ। और कहना न होगा कि एक भाषण में हम अलादाद खाँ को अमर कर देंगे। लोग अलादाद खाँ को इसलिए याद रखेंगे कि हमने उस पर स्पीच दी थी और उसके नाम पर हम कुछ घोषणाएँ करेंगे, घोषणाएँ कि शहर की सबसे बड़ी सड़क का नाम, नहीं, सबसे बड़ी सड़क तो हमारे नाम पर होनी चाहिए, खैर किसी एक सड़क का नाम अलादाद खाँ रोड, शहर के चौक का नाम, वह तो वालिद के नाम पर है, किसी चौक का नाम अलादाद खाँ चौक और अनाथालय का नाम अलादाद खाँ अनाथालय रहेगा।

चिन्तक-1
चिन्तक-2 : हुज़ूर, अलादाद खाँ एक गधे का नाम है।

नवाब : बड़ी खुशी की बात है कि किसी ने अपने गधे का नाम अलादाद खाँ रखा और आगे भी लोगों को चाहिए कि वे अपने गधे का यह नाम रखें क्योंकि यह हक है गधे का कि उसका एक नाम हो और इसलिए हम कानून में यह इन्तजाम करेंगे कि लोग अपने-अपने गधों का नाम रखें—जो भी नाम हो जैसे कि सड़क का होता है या आदमी का। लोग अकसर वही नाम रखते हैं जो एक नाम होता है इसलिए कि वह नाम होता है जैसे, जैसे अलादाद खाँ।

चिन्तक-1 : हुज़ूर, अलादाद खाँ गधा मरा है, आदमी...।

चिन्तक-2 : नहीं मरा।

नवाब : यह क्या बदतमीजी है, आदमी क्यों नहीं मरा

जबकि मरना चाहिए था आदमी को।

चिन्तक-1 : गधा मरा है मालिक, गधा!

नवाब : हम कन्धा दे रहे हैं जिस जनाजे को वह गधे का होगा तो क्या हक है गधे को मरने का इस मौके पर जब हम कन्धा दे रहे हैं।

चिन्तक-2 : गधे की गलती है हुजूर।

नवाब : सवाल यह है कि उसने क्यों जगह ली एक आदमी की जिसे मरना चाहिए था गधे की जगह। कहाँ है अलादाद?

चिन्तक-1 : उस गधे ने दुनिया छोड़ दी है हुजूर!

नवाब : गधों की यह हिम्मत कि वे हमारी मर्जी के खिलाफ दुनिया छोड़ने लगें। कहाँ है कोतवाल, वह कोतवाल का बच्चा या बच्चे का कोतवाल या जो भी हो जिसने कहा था कि अलादाद खाँ गुजर गए।

चिन्तक-1
चिन्तक-2 : हुजूर, यह खबर कोतवाल ने दी थी।

नवाब : कोतवाल को हाजिर करो, फौरन हाजिर करो कोतवाल को।

[नवाब क्रोध में पैर पटकता मंच से चला जाता है। चिन्तक-1 और चिन्तक-2 मंच की भिन्न दिशाओं में मुँह कर कोतवाल को उपस्थित करने का निर्देश देते हैं।]

चिन्तक-1 : कोतवाल को हाजिर करो।

चिन्तक-2 : नवाब का हुक्म है, कोतवाल हाजिर किया जाए।

[नेपथ्य से एक के बाद एक कई स्वर सुनाई देते हैं–'कोतवाल हाजिर किया

जाए, कोतवाल हाजिर किया जाए।' चिन्तक-1 और चिन्तक-2 चिन्तियाए हुए मंच से चले जाते हैं। सूत्रधार आकर मंच से कुर्सी हटा देता है और रामकली नृत्य करने लगती है। कोतवाल उसके नृत्य को भिन्न कोणों से और अत्यन्त मुग्ध भाव से देखता, चारों ओर घूमता रहता है। रामकली नृत्य द्वारा कोतवाल को रिझा रही है। तभी कोरस के सदस्य नंगी तलवारें लिये आते हैं और कोतवाल से कुछ कहकर चुप खड़े हो जाते हैं। कोतवाल घबरा जाता है। वह बेल्ट बाँधता है, नृत्य में डूबी रामकली से साफा माँगता है। नहीं मिलने पर खुद यहाँ-वहाँ देख अन्दर जा कहीं से साफा ढूँढ़ लाता है और पहन लेता है। रामकली नृत्य करती रहती है। इसी बीच सूत्रधार नवाब की कुर्सी रख देता है। नंगी तलवारें लिये कोरस के सदस्य नवाब की कुर्सी के पीछे खड़े हो जाते हैं। नवाब आता है। रामकली फ्रीज हो जाती है। कोतवाल नवाब को सैल्यूट करता है। नवाब तार की भाषा में आदेश देता है।]

नवाब : सूचना गलत। अलादाद आदमी नहीं। अलादाद गधा। रिपी। अलादाद गधा। इज्जत समाप्त। गम्भीर चिन्ता। रिपीट, गम्भीर चिन्ता। कारण। क्यों? कैसे? अब क्या होगा? प्रश्नचिह्न? इज्जत बचाना जरूरी। स्टॉप। अन्यथा फाँसी। रिपीट

फाँसी। रिपीट फाँसी। रिपीट फाँसी। एक्शन। इमीडिएट। टुडे अरजेन्ट। एमरजेंसी। स्टॉप। नवाब।

[रामकली नृत्य करने लगती है। कोतवाल कुछ जवाब देने का प्रयत्न करता है पर नवाब उसे आदेश देने का माइम करता चला जाता है। कोरस के सदस्य भी चले जाते हैं। सूत्रधार कुर्सी ले जाता है। कोतवाल निराश सुस्त बैठ जाता है। रामकली नृत्य करती हुई उसके पास आती है। कोतवाल को दुखी देख नृत्य रोक देती है।]

रामकली : तुम्हें अचानक यह क्या हो गया कोतवाल?

कोतवाल : हमारा अन्तकाल आ गया रामकली?

रामकली : अरे, ऐसा मत बोला करो।

कोतवाल : इस संसार से अब हम चले।

रामकली : फिर से बोलोगे तो हम रूठ जाएँगे।

कोतवाल : सच कह रहा हूँ रामकली, यह विदा की आखिरी बेला है। चाहो आखिरी बार मिल लो।

रामकली : मिल तो सौ बार लें, मगर मामला क्या है?

कोतवाल : हम जिसे आदमी समझे थे, गधा निकला।

रामकली : यह तो रोज का किस्सा है तुम्हारे साथ।

कोतवाल : रामकली, मामला गम्भीर है, नवाब हमें फाँसी पर चढ़ाए बिना नहीं मानेगा।

रामकली : क्या कह रहे हो?

कोतवाल : कलेजे पर पत्थर रखकर कह रहे हैं।

रामकली : कोतवाल!

कोतवाल : हमारी मानो तुम यहाँ से चली जाओ।

रामकली : मैं नहीं जानेवाली, समझ लेना।

कोतवाल : हमारी मान जाओ रामकली! देखो, रिश्वत का जितना रुपया हमें मिला सो हमने तुम्हें दे दिया। जेवरों का डिब्बा भी सँभाल लो, कीमती है। चली जाओगी तो अपने सुख से रहोगी। हमारे मरने के बाद नवाब के आदमी इस घर में माल लूटने घुसेंगे। रुपया और इज्जत तो जाएगी ही, तुम्हारी अलग फजीहत होगी।

रामकली : फिर तुमसे कब मिलना होगा कोतवाल?

कोतवाल : जिन्दा रहे रामकली तो फिर मिलेंगे। और मर गए तो सच हमारी आत्मा तुम्हारे आसपास चक्कर काटेगी।

रामकली : हाय! ऐसा न करियो। हमें डर लगेगा।

कोतवाल : रामकली!

रामकली : कोतवाल!

कोतवाल : एक बार हमारी तरफ तो देख लो।

रामकली : देख रही हूँ कोतवाल!

[कोतवाल रामकली की ओर देखता उल्टे पैरों चला जाता है। उसके जाने के बाद रामकली फौरन उठती है, अन्दर जा सूटकेस लेकर आती है, जेवर, रुपया, सामान बटोरने का माइम करती है, सूटेकस बन्द करती है और चारों ओर परेशान देखती है। कोरस के सदस्य कुली की तरह आते हैं और रामकली का सामान उठाकर ले जाते हैं। सब तरफ देखभाल रामकली चली जाती है। तभी नेपथ्य से आकाशवाणी की सभा आरम्भ होने से पूर्व का संगीत सुनाई देता

है और मंच पर बाजार का वातावरण बनने लगता है। देवीलाल, नत्थू, जुग्गन, नागरिक आ जाते हैं और शान्त स्वर से परस्पर बातों में लग जाते हैं। नेपथ्य से आकाशवाणी के उद्घोषक के स्वर सुनाई देते हैं।]

उद्घोषक : यह आकाशवाणी है। अब हम आपको शहर के प्रमुख बाजार ले चलते हैं, जहाँ आप मरहूम अलादाद खाँ साहब की अन्तिम यात्रा का आँखों-देखा हाल सुनेंगे।

[सूत्रधार मंच पर आता है। उसके हाथ में माइक है। वह अलादाद खाँ की शव-यात्रा का आँखों-देखा हाल सुनाने लगता है।]

सूत्रधार : जैसा कि मैं यहाँ से देख रहा हूँ इस समय आसमान बिलकुल साफ है, लगता है आज बादल भी अलादाद खाँ साहब के देहान्त के शोक में व्युाकल हो कहीं चले गए हैं। मैं देख रहा हूँ कि आज सुबह से ही उस सड़क के दोनों ओर, जहाँ से शव को ले जाया जाएगा, लोगों ने भीड़ लगानी शुरू कर दी है और इस वक्त जैसा कि मैं देख रहा हूँ अच्छी-खासी भीड़ जमा है। लोग व्याकुल हैं और वे अपने प्यारे अलादाद खाँ साहब के अन्तिम दर्शन करना चाहते हैं। मगर जैसी कि घोषणा आप सुन चुके हैं, फिलहाल अलादाद खाँ साहब की शव-यात्रा अपने पूर्व घोषित समय से कुछ देर से आरम्भ होगी क्योंकि हमारे कुछ खास मेहमान जो इस मौके पर तशरीफ ला रहे हैं खासतौर से शव-यात्रा में भाग

लेने के लिए, वे अभी पहुँचे नहीं हैं। उनका हवाई जहाज जल्दी ही उतरनेवाला है और जैसे ही वे तशरीफ ले आएँगे, अलादाद खाँ साहब के पार्थिव शरीर की अन्तिम यात्रा आरम्भ हो सकेगी। जैसा कि आप जानते हैं, अलादाद खाँ साहब ने आम आदमी की जिन्दगी बसर की और आम आदमी की खिदमत करते हुए वे इसी तरह मर गए जिस तरह आमतौर पर मौतें होती हैं। यहाँ हम इस शहर के आम लोगों से अलादाद साहब के बारे में अपने खयाल पेश करने के लिए कहेंगे।

(नागरिक-1 से)

कहिए साहब, जब आपने अलादाद खाँ साहब के देहान्त का समाचार सुना तो आपको कैसा लगा?

नागरिक-1 : *(माइक पर)* जी। ई...ई, जब मैंने अलादाद खाँ साहब के देहान्त का समाचार सुना, मुझे बहुत अफसोस हुआ। ऐसा लगा कि यह क्या हो गया। ऐसा तो होना नहीं चाहिए था, मगर हम क्या कर सकते हैं। यह तो भगवान की मर्जी है।

सूत्रधार : *(नागरिक-2 से)* आप भाई साहब कुछ फरमाएँगे?

नागरिक-2 : किस विषय में?

सूत्रधार : यह जो आज हमने एक रत्न खोया है।

नागरिक-2 : ऐसा है कि अलादाद खाँ के मरने का अफसोस हमें है मगर साथ ही यह देखकर खुशी है कि सरकार उनके अन्तिम संस्कार पर इतना ध्यान दे रही है। आशा है आगे भी गौरमेंट इसी तरह गरीबों का खयाल रखेगी।

सूत्रधार : बिलकुल ठीक फरमाया आपने। जुग्गन भाई, आप कुछ फरमाएँगे अलादाद खाँ के...।

जुग्गन : अलादाद...ओ अलादाद! तुम हमें छोड़कर कहाँ चले गए अलादाद!

[नत्थू दर्जी जुग्गन को पीछे खींच लेता है।]

सूत्रधार : अलादाद खाँ साहब का त्याग, उनकी साधना, उनका परिश्रम, उनकी निष्ठा, उनकी ईमानदारी, उनकी कर्त्तव्यशीलता, उनका प्रेम, उनकी मिलनसारिता और उनकी सेवा का ही यह परिणाम है कि आज उनके देहान्त के समाचार सुनकर हमारी आँखें...हमारी आँखें अपने आँसुओं को रोक नहीं पा रही हैं। अब इसके आगे का आँखों-देखा हाल सुनाने के लिए हम आपको शाही महल की तरफ ले चलते हैं जहाँ से मरहूम अलादाद खाँ के पार्थिव शरीर की अन्तिम यात्रा आरम्भ होगी।

[सूत्रधार माइक रख देता है। कोतवाल आता है। धीरे-धीरे परेशान-सा। कोतवाल को आता देख, नागरिक-4 व्यवस्था करने लगता है।]

नागरिक-4 : आप सब लोग बैठ क्यों नहीं जाते? सुना नहीं, जनाजा निकलने में देर है? बैठ जाइए, बैठ जाइए, बैठ जाइए आप लोग।

[सभी बैठ जाते हैं। बातें करते हैं। सिर्फ सूत्रधार खड़ा रहता है।]

सूत्रधार : बहुत-बहुत धन्यवाद आपको।

कोतवाल : किस बात के लिए भैया?

सूत्रधार : आपने नवाब साहब से मेरी सिफारिश की, मेरा जिक्र छेड़ा।

कोतवाल : हमने तो जिन्दगी-भर दूसरों का भला ही किया है। किसी का बुरा नहीं किया।

सूत्रधार : नवाब साहब ने फरमाया था वे मुझे थिएटर के काम के लिए सरकारी मदद देंगे।

कोतवाल : हमसे, जिसके लिए जो बन सका हमने किया। तुम्हारा ही नहीं, सभी का। सच कहते हैं हमने कभी किसी का नुकसान नहीं किया।

सूत्रधार : बहुत-बहुत आभारी हूँ आपका।

कोतवाल : ऊपरवाला सब देखता है! भैया उससे कुछ छुपा नहीं है। हमने उलटा सबको फायदा ही पहुँचाया है। अरे भाई देवीलाल!

देवीलाल : जी मालिक!

कोतवाल : हमने तुमसे अकसर पान खाया है। आज मन कर रहा है सारा पुराना पेमेंट कर दें। बोलो कितने हुए?

देवीलाल : क्यों शर्मिन्दा कर रहे हैं कोतवाल साहब, आप खिदमत का मौका देते हैं यही क्या कम है। एक गुजारिश थी हुजूर!

कोतवाल : बोलो, हमसे जो बन सका करेंगे।

देवीलाल : जनाजा निकलने में अभी देरी लगती है। फरमाएँ तो दुकान खोल लूँ। आप भी पान खा लीजिएगा।

नागरिक-4 : ऐसे नेक काम में कोतवाल साहब कभी इनकार नहीं करेंगे।

कोतवाल : जैसा चाहो भाई! हमने न किसी को रोका और न जबर्दस्ती की है। चाहो खोल लो, हम नहीं रोकेंगे।

[देवीलाल दुकान खोलकर पान बनाने लगता है। लोग आसपास घिरते हैं।]

नागरिक-1 : अरे भई, दो पान।

नागरिक-3 : एक सिगरेट का पैकेट देना।

देवीलाल : पहले हम कोतवाल साहब का पान बना दें। फिर आप सबको।

[देवीलाल कोतवाल को पान देता है। अलादाद खाँ प्रवेश करता है।]

अलादाद खाँ : यह दुकान कैसे खुली है, पता नहीं, बन्द रखने का हुक्म है। खैर, लाओ जल्दी से तीन पान बाँध दो।

सूत्रधार : आदाबर्ज अलादाद खाँ साहब!

अलादाद खाँ : आदाबर्ज, फरमाइए।

कोतवाल : *(चौंककर)* अलादाद खाँ!

सूत्रधार : कुदरत आपके नाम के साथ लगातार मजाक कर रही है। कल अलादाद खाँ नामक गधे की मौत हुई थी, आज अलादाद खाँ नाम का एक बड़ा आदमी चल बसा।

अलादाद खाँ : आप कहना क्या चाहते हैं?

कोतवाल : सुनो, तुम्हारा नाम अलादाद खाँ है।

अलादाद खाँ : जी।

कोतवाल : तुम्हारी हमें सख्त तलाश थी।

अलादाद खाँ : मेरी तलाश? आपको? क्या किया है मैंने जो पुलिस मुझे तलाश करे।

कोतवाल : चलिए, वहीं सब पता लग जाएगा।

अलादाद खाँ : वक्त से इनकम टैक्स जमा करता हूँ। रेडियो का

लाइसेंस है मेरे पास, नल और बिजली के बिल बराबर चुकाता हूँ। पड़ोसियों से झगड़ा नहीं, नौकरी ठीक और ईमानदारी से करता हूँ। बीवी का कहना मानता हूँ। किसी पोलिटिकल पार्टी का मेम्बर नहीं...।

कोतवाल : वहीं दीजिए सफाई चलकर। हमारे पास वक्त नहीं है। चलिए। और बन्द करो यह दुकान, कम्बख्त पता नहीं सरकारी हुक्म है दुकानें बन्द करने का।

[कोतवाल अलादाद खाँ का हाथ पकड़ जबरन खींचकर ले जाने लगता है।]

अलादाद खाँ : मैं चल रहा हूँ, आप जबर्दस्ती क्यों करते हैं!

[दोनों चले जाते हैं।]

नागरिक-4 : खुद पान खा गए और जाने के पहले फिर दुकान बन्द करवा गए।

देवीलाल : हटिए, बस अब नहीं। मैं बन्द कर रहा हूँ।

सूत्रधार : मगर ये अलादाद खाँ साहब को पुलिस क्यों पकड़ ले गई?

नागरिक-2 : होगा कोई घपला साहब, पुलिस ने पकड़ा है तो कोई यूँ तो नहीं पकड़ा होगा। जरूर कोई बात होगी।

जुग्गन : ओ अलादाद!

नत्थू : अब तुझे क्या हुआ?

जुग्गन : मौत आकर इसी तरह मेरे अलादाद को ले गई।

नत्थू : जो हुआ उसे भूल जाओ जुग्गन, यह सब तो चलता ही रहता है।

[देवीलाल पानवाला चला जाता है। धीरे-धीरे सब जाने लगते हैं। दृश्य बदलता है। नवाब की कुर्सी लग जाती है। चिन्तक-1 और चिन्तक-2 आते हैं। नवाब भी आता है। उदास बैठ जाता है।]

चिन्तक-1 : ऐसा कभी नहीं हुआ।

चिन्तक-2 : इतिहास साक्षी है ऐसा कभी नहीं हुआ।

चिन्तक-1 : मरने को आदमी भी मरता रहा, गधा भी मरता रहा।

चिन्तक-2 : मगर ऐसा कभी नहीं हुआ।

चिन्तक-1 : महल के चारों तरफ भीड़ खड़ी है।

चिन्तक-2 : लोग शहर की सड़कों पर इन्तजार कर रहे हैं।

चिन्तक-1 : अलादाद खाँ के जनाजे का इन्तजार।

चिन्तक-2 : मैंने एक मुर्दे का इन्तजार करते हुए इतने लोगों को एक साथ कभी नहीं देखा।

चिन्तक-1 : इन्हें एक शव चाहिए जिसे ये धूमधाम से जाकर दफना आएँ।

चिन्तक-2 : आदमी का शव, गधे का नहीं।

नवाब : खामोश, बाल की खाल मत निकालो हालाँकि बाल की खाल होती है मगर कोई जरूरी नहीं कि उसे निकाला जाए।

चिन्तक-1 : यह समय विश्लेषण का नहीं, रचनात्मक चिन्तन का है।

चिन्तक-2 : सक्रिय सुझाव चाहिए जिससे शासन की छवि सुरक्षित रहे।

नवाब : छवि, अक्स, तसवीर जिसे कहते हैं हमारी यानी शासन की यानी हमारी बनी रहनी चाहिए और

बेहतर होनी चाहिए। इसीलिए सिर्फ इसीलिए हम उस उल्लू के पट्ठे इनसान अलादाद खाँ के मुर्दे को इतनी इज्जत दे बैठे जो गधा निकला और हम इज्जत दे नहीं सकते गधे को महज इसलिए कि वह गधा है, जबकि होता अलादाद तो वह भी क्या कम गधा होता!

चिन्तक-1 : आपने तो अलादाद का भला ही चाहा था।

चिन्तक-2 : मगर उसकी किस्मत में इनसान होना नहीं बदा था।

नवाब : सारा कुसूर उस कोतवाल का है जिसे फाँसी दे दी जानी चाहिए, मगर हम मजबूर है कि यह वक्त फाँसियाँ देने का नहीं है, क्योंकि अलादाद खाँ मर चुके और सरकारी तौर पर उनके गम में हैं। ठीक हमारी खिड़की के नीचे जमा है भीड़, ठीक हमारी खिड़की के नीचे और हमारी जुबान फड़फड़ा रही है स्पीच देने को, मगर मजबूर हैं एक मुर्दे के बिना जिसका नाम अलादाद हो। और यह सवाल हमारा नहीं, हमारी तसवीर का है। सवाल कम्बख्तो, बताओ कि राजनीति क्या होती है, राजनीति किसे कहते हैं?

चिन्तक-1 : हुजूर ने की है, हुजूर जानते हैं।

चिन्तक-2 : आपसे बेहतर राजनीति को और कौन समझ सकता है!

नवाब : हजारों लोगों की यह भीड़ एक आईना है, यह भीड़ जिसमें अपना अक्स बनाए रखना और कोशिश उसे बनाए रखने की राजनीति है, जिसके लिए अगर जरूरी हो अगर तो एक लाश नहीं, लाशों के अम्बार भी खड़े करना पड़े तो

गलत नहीं है, अगर बनाए रखना है राजनीति यानी अक्स कायम रहना चाहिए। सबसे जरूरी है तसवीर और उसका कायम रहना। आदमी बेमानी है, तुम या कोतवाल या अलादाद खाँ या जो भी हो सब गधे हैं जिनका फर्ज है तसवीर को, हमारे अक्स को ढोना जिसमें उनका फायदा है और हमारा काम है गधों को तसवीर ढोने के लिए मजबूर और जोश में रखना और अगर इनकार करें तो विद्रोही को कुचलना फिर चाहे तुम चिन्तक हो या कोतवाल, कलेक्टर या कवि या जो भी हो गधा या अलादाद।

चिन्तक-1 : कितना स्पष्ट दर्शन है, कोई छलावा नहीं।

चिन्तक-2 : हम आपके इसी गुण के प्रशंसक हैं कि आप जानते हैं कि आपको क्या चाहिए।

नवाब : एक मुर्दा, सिर्फ एक मुर्दा जिसे मैं कन्धा दूँ, मैं नवाब इस मुल्क का। सब देखेंगे, कहेंगे, जब देखेंगे तो कहेंगे ही कि नवाब एक आम आदमी, एक साधारण गरीब आदमी की लाश को कन्धा दे रहा है। मतलब इज्जत है उसके दिल में ईमानदारी, मेहनत और कुर्बानी की। कोई बताए, मुझे बताए कि मैं क्यों गया था उस अनजान सिपाही की समाधि पर फूल चढ़ाने जो मर गया जंग में सरकारी जूते पहन, स्टोर में इश्यू कराई वर्दी की रक्षा करता हुआ? मैं क्यों गया था? सिपाही के लिए? नहीं। उस तसवीर के लिए जिसे बचाना और चमकाना मेरा मकसद था जिसके लिए भेजा था मैंने उस सिपाही को जंग में। जब बाढ़ आती है या सूखा तब गाँवों में

कम्बल बाँटने या फल देने मरीजों को अस्पताल में या इनाम-इकराम बच्चों को स्कूल में आखिर क्यों? किसके लिए? तुम्हारे लिए या अलादाद के लिए या इतिहास, साहित्य या दर्शन के लिए, थू है उल्लू के पट्ठों हालाँकि तुम भी अपनी जगह ठीक हो क्योंकि तुम लोगों की वजह से भाषा का एक अंदाज कायम रहता है जो आखिर काम आता है उसी तसवीर के।

[कोतवाल आता है। साथ में अलादाद खाँ है।]

कोतवाल : हुजूर, यह हैं अलादाद खाँ।

चिन्तक-1-2 : *(चौंककर)* अलादाद खाँ!

नवाब : कैसे हो सकता है यह अलादाद खाँ जबकि यह मुर्दा नहीं है और न ही गधा?

कोतवाल : हुजूर, यह अलादाद खाँ है।

नवाब : क्यों जी, तुम अलादाद खाँ हो?

अलादाद खाँ : जी हुजूर, मैं अलादाद खाँ हूँ। मगर मेरी कोई गलती नहीं।

नवाब : मैं नवाब हूँ इसमें मेरी क्या गलती है? मगर हम सब, मैं, तुम या कोतवाल अपने फर्ज से बँधे हुए हैं जो पूरे होने चाहिए।

चिन्तक-1 : कर्त्तव्यों का पालन करना हमारा प्रथम कर्त्तव्य है।

चिन्तक-2 : फर्ज वह खूँटा है जिससे हमारे गले की रस्सी बँधी हुई है। वह रस्सी हमें मनुष्य होने का भ्रम देती है।

अलादाद खाँ : मैं हमेशा बाएँ से चलता हूँ। क्यू मैं खड़ा रहता हूँ। सिपाही के हुक्म को कानून मानता हूँ। टैक्स

चुकाता हूँ। रात के बाद घर से नहीं निकलता, बिना एप्लिकेशन कभी दफ्तर से जाता नहीं, माता-मलेरिया की रपट लिखाता हूँ। मर्दुमशुमारी में नाम देना नहीं भूलता, वोट डालता हूँ। पड़ोसियों की मौका-मुसीबत मदद करता हूँ।

नवाब : बहुत अच्छा करते हो अलादाद, मगर फर्ज इतने ही नहीं होते, वे इससे कहीं ज्यादा और बड़े होते हैं। फर्ज जो इनसान को ऊपर उठाते हैं। उसके मुल्क को ऊपर उठाते हैं। जानते हो अलादाद कि जब मुल्क पर मुसीबत आती है तब हर नागरिक को त्याग और कुर्बानी को तैयार हो जाना चाहिए, कुर्बानी और देशसेवा के लिए हुक्म मानना चाहिए सरकार का ऐसे वक्त में जब मुसीबत आती है।

अलादाद खाँ : जब भी जंग हुई मैंने बराबर चंदा दिया हुजूर, मैं ब्लड बैंक का मेम्बर हूँ। खबर मिलने पर फौरन वहाँ जाता हूँ। मेरा बिजली का खर्च कम है, पानी का खर्च कम है, अनाज का खर्च कम है, सेविंग बैंक में मैं रुपया जमा करता हूँ और यह जानते हुए कि लॉटरी मेरे नाम नहीं खुलेगी मुल्क के विकास के लिए उसका टिकट खरीदना जरूरी समझता हूँ। इसके अलावा सरकार जब जो भी हुक्म देगी उसे मानना अपना फर्ज समझता हूँ। मैंने कभी कोई गलती नहीं की।

नवाब : हमारे दिल में तुम्हारे लिए बहुत इज्जत हो गई है अलादाद खाँ, जिसका होना जरूरी भी था क्योंकि कुछ ही देर बाद लोग अपनी आँखों से देखेंगे कि हमारे दिल में तुम्हारे लिए कितनी इज्जत है।

तुम्हारे फर्जों में एक आखिरी फर्ज जोड़ना है कि आज हमें, इस गवर्नमेंट को, मुल्क को तुम्हारी सख्त जरूरत है। तुम्हें जान देनी होगी अलादाद! हम तुम्हें फर्ज की सबसे बड़ी ऊँचाई पर पहुँचाएँगे। हमें तुम्हारी लाश चाहिए अलादाद!

अलादाद खाँ : मगर मेरा कुसूर क्या है? मैं...मैं...आप एक बेकसूर आदमी की जान कैसे ले सकते हैं?

नवाब : इतिहास नहीं पढ़ा। लगता है तुमने सिर्फ नागरिकशास्त्र पढ़ा है, इतिहास नहीं पढ़ा। अब तो वक्त भी नहीं रहा क्योंकि तुम खुद इतिहास होने जा रहे हो, अलादाद, इतिहास। यह तुम हो और तुम न होते तो कोई दूसरा होता या न होता, मगर जो भी हो हम एक जनाजा देखने के लिए बेचैन खड़ी भीड़ को ज्यादा देर निराश नहीं करेंगे।

अलादाद खाँ : आप...आप मुझे क्यों...मेरी गलती क्या है?

नवाब : हम तुम्हारी लाश को कन्धा देंगे अलादाद, यह सम्मान हर किसी को नहीं मिलता। कल तुम एक खबर बनोगे खबर, तुम्हारा स्मारक खड़ा होगा। तुम्हारे नाम पर सड़क, बाग, यूनिवर्सिटी...साले आम आदमी, इनसे ज्यादा तुझे चाहिए क्या, मैं भाषण दूँगा तुझ पर और तेरी बेवा को पेंशन मिलेगी। जाओ कोतवाल और जल्लाद से कहो कि इसे एक मामूली अलादाद से महान अलादाद खाँ बना दे, अलादाद खाँ महान जिसके शव को नवाब ने कन्धा दिया। जिस ऊँचाई को छूने के लिए कई लोग जिन्दगी-भर कोशिश करते हैं वह कुछ किस्मतवालों को कितनी जल्द मिल जाती

है। अलादाद, तुम उनमें से एक हो। देखो कितनी भीड़ तुम्हारी लाश का इन्तजार कर रही है। ले जाओ इसे।

अलादाद खाँ : मुझे मत मारिए। मैं मरना नहीं चाहता, मैं मरना नहीं चाहता।

चिन्तक-1 : व्यक्ति का जीवन राष्ट्र के लिए होता है, राष्ट्र व्यक्ति के लिए नहीं।

चिन्तक-2 : पूर्ण समर्पण और तन-मन-धन से सब कुछ भूलकर की गई सेवा मनुष्य को महान बना देती है।

[कोतवाल अलादाद खाँ को ले जाता है।]

नवाब : अलविदा अलादाद!

अलादाद खाँ : कोई बचाओ...अरे, मुझे कोई बचाओ।

[अलादाद खाँ की लम्बी दर्दनाक कराह सुनाई देती है।]

नवाब : *(चिन्तकों से)* उल्लू के पट्ठों, यह है इतिहास में आम आदमी की भूमिका। लाओ, सिगरेट दो।

[दोनों चिन्तक, नवाब की सिगरेट जलाने में मदद करते हैं, चिन्तक अन्दर से जा ताबूत लाते हैं। फिर अलादाद के शव को ला ताबूत में रखते हैं, कफन डालते हैं, सजाते हैं। कोतवाल इस काम में मदद करता है। जब तक यह क्रिया चलती है, नेपथ्य से कोरस के स्वर सुनाई देते हैं।]

कोरस

अलादाद ओ अलादाद!
दुनिया को तुम छोड़
कहाँ चले गए?
अलादाद

[अलादाद खाँ की शव-यात्रा आरम्भ होती है।]

नवाब : मैं आगे रहूँगा।

चिन्तक-1 : आप आगे रहिए, आप सत्ता के प्रतीक हैं। कोतवाल साहब आप भी आगे रहिए, आप प्रशासन के प्रतीक हैं। हम आपके साथ हैं।

[आगे नवाब और कोतवाल, पीछे बुद्धिजीवी, चारों मिलकर अलादाद का जनाजा उठाते हैं, आगे बढ़ते हैं। मंच पर बाजार का दृश्य उभरने लगता है। नत्थू दर्जी, जुग्गन, देवीलाल, नागरिकगण, दरबारी सब आ जाते हैं। सूत्रधार आँखों-देखा हाल सुना रहा है।]

सूत्रधार : मैं जहाँ तक देख रहा हूँ मुझे बहुत बड़ी संख्या में लोग दिखाई दे रहे हैं। अपने प्यारे, आदरणीय अलादाद खाँ साहब को अन्तिम विदाई देने के लिए, बहुत बड़ी संख्या में लोग एकत्रित हुए हैं। नवाब साहब खुद शासन के सभी लोगों के साथ जनाजे के साथ हैं और वे खुद जनाजे को कन्धा दे रहे हैं...मैं देख रहा हूँ।

[सूत्रधार आँखो-देखा हाल सुनाने का माइम करता रहता है। शब्द नहीं सुनाई देते। जनाजा गुजर चुका है।]

नागरिक-1 : नवाब साहब खुद कन्धा दे रहे हैं।

नागरिक-2 : नवाब साहब...खुद?

नागरिक-3 : नवाब साहब...देखो-देखो वो रहे नवाब साहब!

नागरिक-4 : कहाँ-कहाँ, मुझे देखने दो...वाकई!

[मंच पर खामोशी है। सब सिर झुकाए फ्रीज खड़े हैं। नवाब आता है। उदास, पीड़ित मुद्रा में। साथ में कोतवाल और चिन्तक भी हैं।]

नवाब : अलादाद खाँ यहीं रहते थे?

कोतवाल : जी।

नवाब : कितनी पवित्र है यह जमीन जहाँ हमारे शहर का सबसे महान नागरिक अलादाद खाँ रहता था। वह जो हमेशा बाएँ से चला, क्यू में खड़ा रहा, सिपाही के हुक्म को जिसने हुक्म माना, टैक्स बराबर चुकाया, रात के बाद जो घर से नहीं निकला, मर्दुमशुमारी में जिसका नाम हमेशा रहा, जिसने हमें चुनाव में वोट डाले और मौका-मुसीबत अपने पड़ोसियों की मदद की। जब भी जंग हुई अलादाद खाँ ने बराबर चन्दा दिया, ब्लड बैंक का मेम्बर रहा और खबर मिलने पर फौरन वहाँ गया। जिसने बिजली, पानी, अनाज के खर्च में बचत की और न खुलने के बावजूद, लॉटरी का टिकट महज इसलिए खरीदता रहा कि वह मुल्क

की खिदमत करना चाहता था। नागरिक के नाते अलादाद खाँ ने कभी कोई गलती नहीं की, इसीलिए आज हम उनके गम में इतने परेशान हैं। सुनो, इस सड़क और बाजार को खूबसूरत बनाओ। आज से इस सड़क का नाम होगा अलादाद खाँ मार्ग। अलादाद खाँ अमर हैं।

जुग्गन : *(सहसा चीखकर)* अलादाद...अलादाद!

नवाब : यह कौन है? क्या बात है?

नत्थू : हुजूर, यह जुग्गन है। जब से इसका अलादाद गुजर गया कोई सहारा नहीं रहा इसका। तब से रो-रोकर जान दे रहा है।

नवाब : हम ऐसा नहीं होने देंगे। हम किसी गरीब के साथ ऐसा नहीं होने देंगे।

[रुपयों की थैली निकालकर]

लो जुग्गन, यह पाँच हजार रुपए हैं। इससे तुम्हारी यह तकलीफ शायद कम हो सके।

जुग्गन : हुजूर!

[कहता हुआ जुग्गन नवाब के पैरों में झुक जाता है।]

नवाब : अब चलो।

[नवाब, चिन्तक, दरबारी, कोतवाल चलने लगते हैं।]

दरबारी-1 : नवाब की सल्तनत में चारों तरफ अमन है।

शेष दरबारी : नवाब की सल्तनत में चारों तरफ अमन है।

दरबारी-2 : नवाब के राज में सब सुखी हैं।

शेष दरबारी : नवाब के राज में सब सुखी हैं।

[सब फ्रीज हो जाते हैं। रामकली आती है।]

कोतवाल : रामकली!

रामकली : कोतवाल!

कोतवाल : सब ठीक हो गया रामकली। अब तुम हमेशा मेरे साथ रहोगी।

रामकली : सच!

[रामकली नृत्य करने लगती है। नवाब, चिन्तक, दरबारी आगे बढ़ते हैं।]

दरबारी-3 : सब सुखी हैं, सब अमन से हैं।

शेष दरबारी : सब सुखी हैं, सब अमन से हैं।

दरबारी-4 : चारों ओर कानून का पहरा है।

शेष दरबारी : चारों ओर कानून का पहरा है।

[रामकली नृत्य करती रहती है। जुग्गन, नत्थू, देवीलाल, सूत्रधार, चारों नागरिक रामकली के नृत्य का आनन्द लेते, सीटियाँ बजाते, नृत्य करते हैं और इसी शोर-शराबे के साथ नाटक समाप्त होता है।]

अन्धों का हाथी

पात्र

सूत्रधार

अन्धा-1

अन्धा-2

अन्धा-3

अन्धा-4

अन्धी

[सज्जाविहीन मंच पर कोई नहीं है। सूत्रधार का प्रवेश।]

सूत्रधार : आज का नाटक है अन्धों का हाथी। पाँच अन्धे और एक हाथी। आपने यह कहानी सुनी होगी। जब हमारी संस्था ने अपनी पिछली बैठक में यह निर्णय लिया कि इस कथा पर नाटक खेला जाए तो सच कहूँ खुद मैंने इसका विरोध किया। हमारी संस्था के विषय में तो आप जानते ही हैं। बाढ़-पीड़ितों के लिए चन्दा करना, घासलेट के मामले में लड़ने के लिए कलेक्टर तक जाना, जुलूस निकालना, घिराव करना, नगर में कोई मन्त्री आए तो टुल्लर बनाकर उसके पास पहुँचना और अपनी समस्याएँ बताना, कोई कलाकार-लेखक-फेखक या सामाजिक कार्यकर्ता वृद्ध हो जाए तो उसका छोटा-मोटा सम्मान आयोजित कर देना, यह सारे काम हमारी संस्था करती रहती है। नाटक करना भी संस्था की एक सनक है। तो बोले कि पाँच अन्धे और एक हाथी की कहानी पर नाटक। मैंने विरोध किया। मगर मेरी सुनता कौन है?

[धीमे स्वर से]

संस्था में भी अन्दर-अन्दर बड़ी 'पोलटिक्स' चलती रहती है। वही अन्धोंवाला किस्सा, सब अपनी-अपनी चलाते हैं।

[ऊँचे स्वर से]

बहुमत का आदर करना मेरा धर्म था। अनुभवी रंगकर्मी होने के नाते।

[गर्व से दर्शकों को देखकर]

यह दायित्व मुझे सौंपा गया।

[सिर ठोकने लगता है]

मगर समस्या थी कि मंच पर हाथी कैसे लाऊँ। मैं कोई सर्कस का रिंगमास्टर हूँ? मगर जय हो नाट्यकला के आधुनिक आचार्यों की, मैं मंच पर हाथी ले आया। जी हाँ, मंच पर हाथी।

[विंग्स में झाँककर मानो हाथी को देख रहा हो]

तैयार रहो हाथी महोदय, आपके प्रवेश का समय आ रहा है। गड़बड़ नहीं, ठीक से चले आना।

[दर्शकों से]

तो मित्रो, मंच पर हाथी। नाट्यकला के इतिहास में यह स्वर्णाक्षरों में लिखी जाने योग्य घटना है। मगर यदि वह आपको नजर न आया तो? तो

आप सब अन्धे हैं। इसमें कोई दुखी होने की बात नहीं। आप हाथी को छूकर देखिए। ठीक वैसे जैसे अन्धों ने किया था। किसी ने सूँड़ पकड़ी, किसी ने पूँछ, और समूचे हाथी को समझने का ईमानदार प्रयास किया। आप भी कीजिए। आप कहेंगे हम अन्धे नहीं हैं। तब आप हाथी को देख सकेंगे और यह साबित होगा कि आप आधुनिक नाट्यकला के विषय में समझते हैं। जो भी हो, अब नाटक चालू हो जाना चाहिए। पाँच अन्धों का प्रवेश। पाँच अन्धे नहीं, चार अन्धे और एक अन्धी। नाटक में थोड़ा रस भी रहना चाहिए न। चाहे नाटक में हाथी न दिखे, लड़की जरूर दिखनी चाहिए।

[सूत्रधार मंच के एक कोने में खामोश बैठ जाता है। चार अन्धे पुरुषों और एक अन्धी स्त्री का प्रवेश।]

अन्धा-1 : क्या हम वहाँ आ गए जहाँ हमें आना था?

अन्धा-2 : लगता तो कुछ ऐसा ही है।

अन्धा-3 : *(लकड़ी मंच पर ठोककर)* क्या यही मंच है?

अन्धा-4 : इतना खालीपन, ऐसा सुनसान और कहाँ होगा? मुझे लगता है, मंच यही है।

[यहाँ-वहाँ बिखरकर बैठने लगते हैं।]

अन्धी : मंच हो या न हो, मुझे यहाँ अच्छा लग रहा है।

अन्धा-2 : तेरे साथ अकसर ऐसा ही होता है।

अन्धा-1 : नहीं, शायद यह मंच नहीं है। तालियों की गड़गड़ाहट नहीं, स्वागत नहीं, फूलमाला नहीं,

जनता नहीं। कुछ भी तो नहीं है यहाँ। मैंने तो मंच के विषय में बड़ी-बड़ी बातें सुन रखी थीं।

अन्धी : चुप रहो। शायद लोग बैठे हैं। मुझे लगता है लोग हैं।

अन्धा-3 : ठीक कह रही होगी। औरत है ना, इसे पुरुषों की गंध आती रहती है।

अन्धा-4 : और तुम्हें नहीं आती क्या महिलाओं की गंध?

अन्धा-3 : ठहरो, आ रही है। मुझे भी गंध आ रही है। स्नो, पाउडर, क्रीम और वह सारी सुगन्ध जो छोटी-छोटी डिबियों और शीशियों में होती है। आह, कैसी मीठी-मीठी गंध है!

अन्धा-2 : इसका मतलब, मंच यहीं पर है शायद। महिलाएँ सज-धजकर आई होंगी नाटक देखने।

अन्धी : मुझे पसीने की गंध आ रही है।

अन्धा-3 : हो सकता है, हममें से किसी की हो।

अन्धा-4 : मुझे आज बड़ा पसीना आ रहा है।

अन्धी : उसके साथ और भी गंध है, इत्र की, कपड़ों पर लगे कलफ की, गन्दे मोजों की, जूतों की।

अन्धा-1 : बस-बस, तो रंगमंच यही है। हम सब ठीक जगह आए हैं। अच्छा, सुनो, सूत्रधारजी ने जो नियम-कायदे बताए थे, याद हैं ना?

अन्धा-4 : याद हैं।

अन्धी : पहला नियम—अपना चेहरा सदा जनता के सामने रखना।

अन्धा-4 : जनता के सामने, कहाँ है जनता? किस दिशा में? यह तो पता लगे।

[परदे की ओर देखकर]

मेरे खयाल से इधर है।

[उधर घूमकर प्रणाम आदि कर लेता है।]

अन्धा-1 : कहीं भी हो, वह हमारी ओर देख रही है।

अन्धा-2 : *(मूर्ख प्रसन्नता में ताली बजा)* जनता हमारी ओर देख रही है, जनता हमारी ओर देख रही है। जीवन की यह कितनी बड़ी सफलता है!

अन्धा-3 : चाहे हम जनता को न देख सकें।

अन्धा-2 : मूर्खों जैसी बात कर रहे हो। जिसकी तरफ जनता देखती है क्या वह कभी जनता की तरफ देखता है?

अन्धी : दूसरा नियम—आवाज इतनी ऊँची रखना कि माइक की जरूरत न पड़े और दूर तक जाए।

अन्धा-4 : *(बहुत ऊँचे स्वर में)* आवाज इतनी ऊँची रखना कि माइक की जरूरत न पड़े और दूर तक जाए।

[धीमे स्वर में]

क्यों ठीक है न?

अन्धा-3 : यार, ये माइक क्या होता है?

अन्धा-1 : जैसे हम अन्धों के लिए लाठी होती है, वैसे वक्ताओं के पास माइक। सहारा रहता है, आत्मविश्वास बना रहता है। जरा भी गड़बड़ लगी, माइक पकड़ लिया।

अन्धी : तीसरा नियम—बहुत आगे मत बढ़ना, नहीं तो मंच से गिर पड़ोगे।

अन्धा-4 : मैं तो ठीक बैठा हूँ।

अन्धा-2 : *(टटोलकर)* मैं भी ठीक ही हूँ।

[अन्धा-1 और अन्धा-3 भी अपनी-अपनी जगह टटोल लेते हैं।]

अन्धा-1 : सूत्रधारजी कह रहे थे कि जो अच्छा अभिनय करेगा उसे अगले नाटक में धृतराष्ट्र का पार्ट देंगे।

अन्धा-3 : पता नहीं, हममें से कौन अच्छा काम कर रहा है।

अन्धा-4 : शायद मैं कर रहा हूँ।

अन्धा-2 : अभी कैसा कर रहा हूँ यह तो नहीं कह सकता, मगर मैं हूँ बड़ी सम्भावनाओं वाला कलाकार।

अन्धी : जो भी करे, मगर अगले नाटक में गांधारी का काम तो मुझे ही करना है। सारे अखबारों में छपेगा, गांधारी का अभिनय कर रही थीं, सुनयना देवी। आँखों पर पट्टी बाँधकर भी आपने जो भावना प्रधान अभिनय किया, वह सदैव अविस्मरणीय रहेगा।

अन्धा-3 : कौन-सा प्रधान?

अन्धा-1 : प्रधानमन्त्री।

अन्धी : भावना प्रधान।
बस, अब चुप रहो, सूत्रधारजी आते होंगे।

अन्धा-1 : वे अभी से काहे को आएँगे।

सूत्रधार : *(सहसा उठकर दर्शकों से)* समझ ली, आप लोगों ने मेरी समस्या? हाथी से बड़ी समस्या है इन अन्धे पात्रों की। और कभी लगता है पात्रों से बड़ी समस्या है हाथी की।

[सूत्रधार की आवाज सुन पाँचों अन्धे अपनी-अपनी जगह आदरपूर्वक खड़े होने लगते हैं।]

अन्धा-1 : सूत्रधार जी आ गए।

अन्धी : सूत्रधार जी आ गए।

अन्धा-4 और अन्धा-2 : नमस्ते सूत्रधार जी!

अन्धा-1 और अन्धा-3 : नमस्ते सूत्रधार जी!

अन्धी : नमस्ते!

सूत्रधार : नमस्ते, नमस्ते। अब आ रहे हैं आप लोग?

अन्धी : हम यहाँ बहुत देर से बैठे हैं।

अन्धा-3 : कोई एक घंटा। मैं ठीक कह रहा हूँ ना?

अन्धा-2 : नहीं, एक घंटे से भी ज्यादा।

अन्धा-4 : *(परदे की ओर इशारा कर)* आप न मानें तो सामने बैठी जनता से पूछ लें।

सूत्रधार : अच्छा, आप लोग पंक्ति में खड़े हो जाएँ?

[सब गलत-सलत कहाँ-वहाँ पंक्ति में खड़े होने का प्रयत्न करते हैं। सूत्रधार सबको पंक्तिबद्ध करता है।]

अन्धी : मैं अच्छी लग रही हूँ ना, सूत्रधार जी?

सूत्रधार : बहुत सुन्दर लग रही हो।

अन्धा-2 : *(अन्धा-4 के कान में)* कहीं सूत्रधार जी की नीयत तो खराब नहीं है अन्धी पर?

अन्धा-4 : अरे नहीं, वे अपने पात्रों को भाई-बहन की पवित्र दृष्टि से देखते हैं। इस मामले में वे मनुष्य नहीं, देवता हैं।

अन्धा-2 : क्या देवता नंपुसक होते हैं?

अन्धा-4 : चुप रह।

अन्धी : सब मेरी ओर देख रहे हैं ना, सूत्रधार जी?

अन्धा-2 : हम चारों को छोड़कर।

अन्धा-4 : *(अन्धी से)* देखते रहने के सिवाय लोग विचारे कर भी क्या सकते हैं। छूना चाहकर भी छू नहीं सकते। बिचारे दुर्भाग्यशाली। लाओ, तुम्हारा हाथ मुझे पकड़ना है। सूत्रधार जी लाइन लगाने को कह रहे हैं।

[सारे अन्धे पंक्तिबद्ध खड़े हो गए हैं।]

सूत्रधार : अब आप लोग अपना वही गीत आरम्भ करें। मैं अन्दर जा रहा हूँ।

अन्धा-2 : क्या आप हाथी लेने जा रहे हैं?

सूत्रधार : बातें नहीं, गीत आरम्भ कीजिए।

[सूत्रधार अन्दर चला जाता है।]

अन्धी : हाथी की तो एक भी रिहर्सल नहीं कराई, सीधे मंच पर उतार रहे हैं और हमसे रोज-रोज रिहर्सल।

अन्धा-4 : नन्हा-सा प्राणी है, थक न जाता बार-बार रिहर्सल करते।

अन्धा-3 : और कहीं बहुत खतरनाक प्राणी हुआ तब?

अन्धा-2 : नहीं-नहीं, कहते हैं बड़ा सीधा है बिचारा।

अन्धा-1 : मगर डरने की क्या बात है? आखिर हम पाँच हैं।

अन्धी : लड़ाई-झगड़ों में मुझे मत गिनना।

अन्धी-4 : मेरा डर कुछ और था। कहीं वह हाथी हमारे पैरों के नीचे दब गया तो?

अन्धा-1 : उसी खतरे से बचने के लिए तो रिहर्सल कराई है सूत्रधार जी ने। बस अपनी-अपनी पोजीशन पर

खड़े रहो, हाथी अपनी जगह खड़ा रहेगा।

अन्धी : अब हमें गाना चालू कर देना चाहिए।

अन्धा-4 : हाँ, गाना।

अन्धा-1 : सुनिए, मैं एक-दो-तीन कहूँगा और आप नाटक आरम्भ कर देंगे।

अन्धा-3 : रोज की तरह।

अन्धा-1 : एक, दो...तीन।

[पाँचों अन्धे मिलकर गीत गाने लगते हैं।]

गीत

अन्धे
हम हैं अन्धे
तलाश रहे हैं अपना हाथी
एक स्वार्थ के हम सब साथी
हाथों में हाथ डालकर
पैरों से पैर मिलाकर
पेट से पेट जुड़ाकर
सिर से सिर टकराकर
एक समस्या की तलाश में
जुड़े हुए हैं कन्धे
अन्धे
हम हैं अन्धे
देख रही है सारी दुनिया
बाबू, बीवी, मुन्ना, मुनिया
हल्दी, मिर्ची, जीरा, धनिया
नेता, अफसर, बामन, बनिया

पर से सब चिकने-चुपड़े
अन्दर काले धन्धे
अन्धे
हम हैं अन्धे
सामने एक सवाल खड़ा है
नदी बड़ी या ताल बड़ा है?
पीला बड़ा या लाल बड़ा है?
बाधा बनकर कौन अड़ा है?
सबकी हरकत टेढ़ी
फँसे हैं फन्दे
अन्धे
हम हैं अन्धे।

अन्धा-1 : गीत के बाद अब हमारा डायलॉग है। भाइयो और बहनो, हम पाँच अन्धे—बिलाइंड आपके सम्मुख सेवा में उपस्थित हैं। हम इस मंच पर एक विशेष उद्देश्य से आए हैं!

अन्धा-2 : सिर्फ मंच ही नहीं, सम्पूर्ण संसार कहिए। हमें लगता है हमारा जन्म इस पृथ्वी पर विशेष उद्देश्य से हुआ है।

अन्धा-3 : इसे कहते हैं समान नियति भोगना।

अन्धा-4 : निराशावादियों के सुर में मत बोलो। मुझे अच्छा नहीं लगता।

अन्धा-3 : क्या यह अपने आपमें करुणा उपजानेवाला मामला नहीं है कि हम पाँच अन्धे इस तरह मंच पर खड़े हैं? क्या यह अजीब दुखद स्थिति नहीं है?

अन्धी : इसमें क्या है! जैसे और जगह खड़े रहते हैं, वैसे यहाँ खड़े हैं।

अन्धा-4 : कर्म बड़ी चीज है, हमें अपने लक्ष्य पर ध्यान देना चाहिए।

अन्धा-3 : क्या वह हमारी जेब में है।

अन्धी : जो भी कहो, मुझे तो बड़ा अच्छा लगता है यहाँ सबके सामने खड़े रहना और ऐसे महत्त्वपूर्ण कार्य में भाग लेना।

अन्धा-3 : अच्छा, मुझे ऐसा महसूस नहीं होता।

अन्धा-2 : जब से सूत्रधार जी ने इसे सुन्दर कह दिया, इसका दिमाग खराब हो गया।

अन्धा-3 : जरा सोचो, एक अन्धी स्त्री को सुन्दर अन्धी स्त्री होना कैसा लगता होगा?

अन्धा-2 : जैसे एक मूर्ख को अपने बुद्धिमान होने की सूचना मिलने पर।

अन्धा-4 : जैसे एक नपुंसक को अपने घर पुत्रजन्म का समाचार मिलने पर।

अन्धा-3 : कितना अच्छा ना। जबकि उसमें हमारा कुछ नहीं था, न आगे हो।

अन्धी : चुप रहिए आप लोग।

अन्धा-1 : आप सब मंच पर इस तरह बेकार की बहसें करते हैं, अच्छा लगता है क्या?

अन्धा-3 : मंच पर बेकार की बहसें चलती ही रहती हैं।

अन्धा-2 : पार्टियों में मतभेद चलता ही रहता है।

अन्धा-3 : एक-दूसरे की टाँग नहीं खीचेंगे तो प्रजातन्त्र डूब जाएगा।

अन्धा-4 : एक मजबूत प्रतिपक्ष की आवश्यकता को भुलाया नहीं जा सकता।

अन्धा-1 : जनता क्या सोचेगी?

अन्धा-2 : जनता उलझी रहेगी, यही तो इसका मकसद है।

अन्धी : आप लोग शान्त रहिए। यह सही है कि हम लोगों में कई जरूरी मसलों पर, जो मुल्क के सामने हैं, आपस में मतभेद हैं, हम खयालात रखते हैं अलग-अलग, मगर इस सबके बावजूद हमें यह नहीं भूलना चाहिए कि हमारी, जैसा कि आप सब जानते हैं, समस्याएँ हैं, वे समस्याएँ क्या है...?

अन्धा-1
अन्धा-2
अन्धा-3
अन्धा-4 : हाथी!

अन्धा-1 : हमारी समस्या?

अन्धा-2
अन्धा-3
अन्धा-4 : हाथी!

[इसे नारे की तरह तीन बार दोहराते हैं।]

अन्धी : *(उसी अन्दाज में)* यह बड़ी प्रसन्नता की बात है कि आप अपनी समस्या का नाम जानते हैं। यह हमारी जागरूकता की एक सबसे बड़ी पहचान है कि हम अपनी समस्या से परिचित हैं।

अन्धा-2 : हमें सूत्रधार जी ने बताया।

अन्धा-3 : सूत्रधार जी को उनकी संस्था के सदस्यों ने बताया।

अन्धा-4 : संस्था के सदस्यों को उनकी पत्नियों ने बताया।

अन्धा-2 : और पत्नियों को उनकी पड़ोसिनों ने।

अन्धी : और आपके दिल में एक जज्बा है, इच्छा है, उसे समझने की और उस पर विजय पाने की।

अभी-अभी हमने एक आयोग की स्थापना की है जो इस समस्या पर पूरी तरह विचार करेगा और अपना प्रतिवेदन पेश करेगा कि...।

अन्धा-1
अन्धा-2
अन्धा-3
अन्धा-4 : हाथी क्या है?

अन्धा-4 : हाथी...हाथी है।

अन्धा-3 : हाथी हमारे सुख-दुख का साथी है।

अन्धा-2 : हाथी हाथ-भर का है।

अन्धा-1 : हाथी दो अक्षरों से मिलकर बना है, हा और थी।

अन्धा-2
अन्धा-3 : हा और थी

अन्धा-4 : बराबर हाथी।

अन्धी : आयोग के सदस्यों द्वारा समस्या के सभी पहलुओं पर विचार-विमर्श किया जा रहा है और आशा है कि शीघ्र ही राष्ट्र के सामने एक ऐसी तसवीर पेश होगी जिसे देखकर हम कह सकेंगे कि वह...।

अन्धा-1
अन्धा-2
अन्धा-3
अन्धा-4 : हाथी है।

अन्धा-1 : और आयोग ने अपना काम आरम्भ कर दिया।

[पाँचों अन्धे मंच के भिन्न भागों में बिखरकर ऊल-जुलूल क्रियाएँ करते हैं मानो दफ्तर चल रहा हो।]

अन्धा-1 : इसे हम कार्य के लिए एक बहुत बड़ा भवन दे दिया गया।

अन्धा-2 : एक बहुत बड़ा स्टाफ।

अन्धा-3 : हम अन्धों ने अपने स्टाफ में और अन्धों को रख दिया।

अन्धा-2 : और उन अन्धों को यह अधिकार दिया कि वे और अन्धे नियुक्त कर लें जिससे कार्य सुचारु रूप से चले।

अन्धा-3 : और वह चल रहा है। चपरासी।

[अन्धा-4 अन्धा-3 से भिन्न दिशा में मुँह किए चपरासी की तरह सलाम करता है।]

अन्धा-3 : स्टेनो को बुलाओ।

अन्धा-4 : जी हुजूर।

[वहीं खड़े हुए]

स्टेनो बहिनजी, साहब बुला रहे हैं।

स्टेनो की स्मार्ट मुद्रा में अन्धी मानो राइटिंग पैड लिये चलती है और बजाय अन्धा-3 के अन्धा-1 के पास पहुँच जाती है।

अन्धी : आपने बुलाया था सर?

[अब तक अन्धा-1 अन्धी को पत्र लिखाएगा, शेष अन्धे सरकारी काम-काज और ऊब का अभिनय करेंगे। अन्धा-4 चपरासी के ढीलेपन से यहाँ से वहाँ कागज

ले जाएगा, बैठे-बैठे ऊबेगा, ऊघेगा या बीड़ी पीने की क्रिया करेगा। अन्धा-2 अन्धा-3 फोन पर बातचीत कॉन्फ्रेंस, दौरा, रिश्वत लेना, औपचारिक मुद्रा में बातें या गरमागरम बहस में लगे रहेंगे।]

अन्धा-1 : हूँ! लिखिए, आपका पत्र दिनांक फलाँ-फलाँ क्रमांक फलाँ-फलाँ ऑब्लिक फलाँ-फलाँ के सन्दर्भ में निवेदन है कि आपके राज्य में हाथी की स्थिति के विषय में जो नोट, ये साले हिन्दीवाले नोट को हिन्दी में क्या कहते हैं?

अन्धी : टीप...यस टीप, आई विल चेक इट।

अन्धा-1 : जो भी हो। हूँ, क्या लिखा था?

अन्धी : आपका पत्र दिनांक फलाँ-फलाँ क्रमांक फलाँ-फलाँ आब्लिक फलाँ-फलाँ के सन्दर्भ में निवेदन है कि आपके राज्य में हाथी की स्थिति के विषय में जो नोट... ।

अन्धा-1 : हमने दिनांक फलाँ-फलाँ क्रमांक फलाँ-फलाँ आब्लिक फलाँ-फलाँ भेजा था उसके अनुसार हाथी के विषय में पूरी जानकारी हम तभी दे सकते हैं जब हाथी के विषय में पूरी जानकारी हमें आपसे मिल सके। कृपया लौटती डाक से हमें बताएँ कि आपके राज्य में हाथी है, यदि है तो वह कितना है और उसकी प्रगति क्या है, भवदीय आदि-आदि। इसे टाइप कर लाओ।

अन्धी : यस सर!

[जाने लगती है।]

अन्धा-1 : सुनो।

अन्धी : यस सर!

अन्धा-1 : मैंने तुम्हारे लिए स्पेशल अलाउन्स का लिख दिया है।

अन्धी : *(प्रसन्न उछलकर)* थैंक्स सर।

अन्धा : आज शाम क्या कर रही हो?

अन्धी : कुछ नहीं, बिलकुल खाली हूँ।

[अन्धा-1 अन्धी के बालों से खेलता है, कन्धे की गोलाई को छूता है। अन्धा-4 चपरासी की तरह केबिन में दुबके से झाँककर अन्दर का माजरा देखता है।]

अन्धा-2 : स्टेनो!

अन्धी : यस सर!

अन्धा-2 : जल्दी आओ।

[अन्धी अन्धा-3 के पास पहुँच जाती है।]

अन्धा-3 : लिखिए। हाथी एक अन्तर्राष्ट्रीय समस्या है। तुम मुझसे नाराज हो जूली।

अन्धी : जी नहीं। हाथी एक अन्तर्राष्ट्रीय समस्या है।

अन्धा-3 : पिछले दिनों भारत में हाथी की स्थिति समझाने के लिए जो प्रतिनिधि-मंडल यूरोप गया था... आज शाम को क्या कर रही हो?

अन्धी : बॉस ने रुकने को कहा है, उन्हें कुछ जरूरी लेटर्स भेजने हैं। पिछले दिनों भारत में हाथी की स्थिति समझने के लिए जो प्रतिनिधि-मंडल यूरोप गया था...।

अन्धा-3 : यह साला हमेशा भाँजी मारता है—जो प्रतिनिधि-

मंडल यूरोप गया था उसके अनुमान के अनुसार हाथी के सम्भवतः चार पैर होते हैं।

अन्धा-2 : *(सहसा चीखकर)* झूठ है यह, सरकारी धोखा। जनता को गुमराह करने की कोशिश। हाथी के चार पैर नहीं होते। एक ही पैर को चार बार गिनकर समस्या को चौगुना बढ़ाकर पेश किया जा रहा है। मैं इस मामले को सुप्रीम कोर्ट तक ले जाऊँगा।

अन्धा-4 : *(अखबार बेचनेवाले की तरह चिल्लाता मंच के एक भाग से दूसरे भाग में घूम लेता है।)* हाथी का मामला सुप्रीम कोर्ट में ले जाया जाएगा। हाथी का मामला सुप्रीम कोर्ट में ले जाया जाएगा। हाथी का मामला सुप्रीम कोर्ट में...।

[आवाज मानो दूर होती डूब जाती है।]

अन्धा-1 : *(मंच के अग्र भाग में आ गले से हल्के खखारते हुए)* समस्या अत्यन्त गम्भीर है मगर हम इस देश के समझदार...।

अन्धा-3 : काबिल, अनुभवी।

अन्धा-2 : आई.सी.एस., आई.ए.एस., चेयरमैन ऑफ दि बोर्ड ऑफ हाथी।

अन्धी : स्पेशल सेक्रेटरी, डिप्टी सेक्रेटरी, अंडर सेक्रेटरी, कमिश्नर, डायरेक्टर जनरल, एडवाइजर टू द गवर्नमेंट।

अन्धा-4 : जिम्मेदार, जवाबदार, हवलदार, सलाहकार, विशेषज्ञ।

[अन्धे पंक्तिबद्ध खड़े होने लगते हैं।]

अन्धा-1 : हाथी की समस्या को सुलझाने का पूरा-पूरा प्रयत्न कर रहे हैं।

अन्धा-2 : हाथी की समस्या सुलझाते समय हमें प्रायः लगा कि हम स्वयं वह हाथी हैं।

अन्धा-1 : हमारी एक नाक है—अहं की नाक।

अन्धी : हमारी एक पूँछ है—भ्रष्टाचार की पूँछ।

अन्धा-2 : नाक कहाँ है?

अन्धा-3 : जहाँ पूँछ नहीं है।

अन्धा-4 : पूँछ कहाँ है?

अन्धा-3 : जहाँ नाक नहीं है।

अन्धा-1 : अर्थशास्त्री, राजनीतिशास्त्री, समाजवादी, दर्शनशास्त्री आदि का मत है कि हाथी एक दिशा से दूसरी दिशा में चल रहा होता है।

अन्धी : दर्शनशास्त्रियों के अनुसार चलते हुए हाथी का वह भाग जो आगे रहता है वह उसका अग्रभाग होता है। अतः यह ज्ञात करने के लिए कि हाथी का अग्रभाग कौन-सा है हमें सर्वप्रथम यह ज्ञात करना चाहिए कि हाथी किस तरफ से किस तरफ चल रहा है।

अन्धा-2 : अर्थशास्त्रियों का यह दृढ़ विचार है कि यदि हम हाथी को पूँछ से पकड़कर घुमा दें तो हम हाथी का अग्रभाग प्राप्त कर सकते हैं।

अन्धा-3 : राजनीतिशास्त्रियों के अनुसार पूँछ हमारा अन्तिम लक्ष्य है।

अन्धा-4 : कामशास्त्रियों के अनुसार...।

अन्धा-1 : चोप!

[शेष चारों अपना मुँह बन्द कर लेते हैं।]

अन्धी : सूत्रधार जी कहाँ गए?

अन्धा-4 : वे हाथी की तलाश में गए हैं सुन्दरी!

अन्धी : तो क्यों नहीं हम प्रतीक्षा में गीत गाएँ।

अन्धा-1 : किसी प्रतीक्षा में?

अन्धी : हाथी की प्रतीक्षा में।

[पाँचों अन्धे गीत गाते हैं। गीत के मध्य में सूत्रधार धीमे-धीमे ठुमकते हुए यों प्रवेश करता है जैसे वह रस्सी से हाथी को लिये आ रहा है। दर्शकों को हाथी बता रहा है, उसके चारों ओर घूम रहा है; उससे डर रहा है। गीत गाते अन्धे मंच के तीनों ओर बँटकर खड़े होने लगते हैं; गाते हैं, नाचते हैं।]

गीत

हाथी...हा हा हा हाथी
हाथी...हा हा हा हाथी
आजू कि बाजू
बाजू कि आजू
सूँड़ कि दुम तेरी
दुम कि सूँड़ तेरी
पैर हैं अम्बा बम्बा
हाथ है बिजली खम्बा
दाँत हैं अन्दर-बाहर
आँत हैं बाहर-अन्दर
खाता है क्या तू

खाती है या तू
नारियल कि काजू
बाजू कि आजू
काला या गोरा
तोरा या मोरा
किससे दिल लगा है
किसका है साथी
हा हा हा हाथी
हा हा हा हाथी

सूत्रधार : हाजिरान, साहबान, कदरदान, हाथी हाजिर है।

अन्धी : कहाँ है हाथी। लाओ मुझे दो। मैं उसे गोद में लूँगी। बहुत-बहुत प्यार करूँगी। कहाँ है हाथी?

अन्धा-1 : हाथी बेटे, हमारे पास आओ। जल्दी आओ दौड़कर, राजा बेटे की तरह। पुच...।

अन्धा-4 : हाथी भाई, एक नजर इधर भी प्यारे, कब से तुम्हारी आस लगाए बैठे हैं जालिम।

अन्धा-2 : अबे ओ हाथी के बच्चे, चल इधर आ।

अन्धा-3 : चलो छोड़ो। अभी-अभी तो आया है गरीब। जरा सुस्ता लेने दो बिचारे को। अब ऐसा भी क्या, कोई भागे थोड़े जाता है। है ना सूत्रधार जी!

अन्धा-1 : डू यू स्मोक हाथी?

अन्धा-4 : वुड यू लाइक इट नीट आर विद सोडा आर आइस आर समथिंग...।

अन्धी : कमान, गिव मी एक बिग-बिग किस हाथी। मू...मू...मू...मू...।

सूत्रधार : मेरे मित्रो, हाथी आपके सम्मुख प्रस्तुत है।

अन्धा-3 : कहो बन्धू, कब आना हुआ, अच्छे तो हैं, घर में सब मजे में?

सूत्रधार : हाथी आपके सम्मुख प्रस्तुत है। आज सारे देश की आँखें आप पर लगी हैं।

अन्धा-4 : हम पर? कमाल है।

सूत्रधार : देश की जनता आपसे यह जानना चाहती है कि हाथी क्या है, क्यों है, कैसा है, कब तक रहेगा? उसका खतरा क्या है, उससे बचाव के उपाय क्या हैं, यदि ऐसा नहीं तो उससे लाभ क्या है? आप हाथी को पहचानिए और हमें बताइए। सारे देश ने हाथी के सम्बन्ध में अपना विश्वास आप पर सौंपा है। उन्हें आपसे पूरी आशा है। आप हाथी को पहचानिए, हाथी को पकड़िए, वश में कीजिए, जिसका दावा आपने घोषणा-पत्रों, बयानों, लेखों, भाषणों आदि में किया है। समय आ गया जिसकी प्रतीक्षा थी। आगे बढ़िए। हाथी आपके सामने खड़ा है।

[पाँचों अन्धों में कोई उत्साह नहीं है।]

अन्धा-1 : जिम्मेदारी तो हमें सौंप दी पर आप जानते हैं कि बिना जनसहयोग के यह कार्य सम्पन्न होना कितना कठिन है!

अन्धा-3 : ठीक कह रहे हो भाई। आजकल अपना कर्त्तव्य कोई नहीं करता।

अन्धा-1 : अनुशासन बिलकुल रहा ही नहीं। त्याग और सेवा की जो परम्परा थी जाने कहाँ चली गई!

अन्धा-2 : महात्मा गाँधी के मर जाने से सारा घोटाला हो गया। काश! आज बापू जीवित होते तो ये हाथी क्या यों हमारे सिर पर पड़ता!

अन्धा-1 : बताइए, ऐसे में हम अन्धे क्या कर सकते हैं?

अन्धा-2 : मैं लम्बी छुट्टी लेने की सोच रहा हूँ। मेरी व्यक्तिगत परेशानियों से आप परिचित ही हैं। ऐसी मनःस्थिति में कोई शख़्स कैसे काम कर सकता है। जरा आप ही सोचिए।

अन्धा-1 : ठीक कह रहे हो, मनुष्य को विश्राम आवश्यक है।

अन्धा-2 : छुट्टी से लौटने पर हाथी के विषय में सोचूँगा।

अन्धा-3 : जब तक महँगाई-भत्ता नहीं बढ़ता, हमारी माँगें पूरी नहीं होतीं, मेरे लिए सम्भव नहीं कि हाथी के काम में हाथ लगाऊँ। इस विषय में हम दो बार प्रदर्शन कर चुके हैं मगर अफसोस, कोई लाभ नहीं हुआ।

अन्धा-4 : ऐसा है तो मैं अकेला ही क्यों मेहनत करूँ? मैं भी वही करूँगा जो दूसरे कर रहे हैं। आप क्या समझते हैं, मैं यह जोखिम उठाऊँगा? जी नहीं। मैं कुछ नहीं करूँगा।

अन्धी : वर्किंग वूमन की कंडीशन पर ध्यान नहीं दिया जाता। समाज में आज स्त्रियों को यों ही विशेष स्वाधीनता नहीं है तिस पर घर की जिम्मेदारियों और बच्चों के उज्ज्वल भविष्य का बोझ भी हमारे कोमल कन्धों पर है। ऐसे में हम महिलाएँ क्या कर सकती हैं। यों भी आज मुझे साड़ियों की प्रदर्शनी देखने जाना है। सुना कुछ बहुत अच्छी डिजाइनें आई हैं।

[सभी अन्धे यहाँ-वहाँ लेटने, आराम करने की मुद्रा में हो जाते हैं। ऐसे में केवल उनके पुकारने के स्वर आते रहते हैं जो

बढ़ते-बढ़ते तीव्र संगीतात्मकता प्राप्त कर लेते हैं।]

अन्धा-1 : ड्राइवर!

अन्धी : आया!

अन्धा-2 : बैरा!

अन्धा-3 : चपरासी!

अन्धा-4 : खानसामा!

अन्धा-1 : बाबू!

अन्धा-4 : नर्स।

अन्धी : डॉक्टर!

अन्धा-1 : बाबू!

अन्धी : डीयर!

अन्धा-4 : बैरा!

अन्धा-3 : ड्राइवर!

अन्धी : डीयर!

अन्धा-4 : बैरा!

अन्धा-1 : डार्लिंग!

[संशोधन बढ़ते-बढ़ते निरन्तर दुहराए जाने के बाद शान्त हो जाते हैं। अन्धी के स्वर शेष रहते हैं।]

अन्धी : बस...बस...डीयर, बहुत हो गया अब बस।

सूत्रधार : अरे राष्ट्र के अन्धो, उठो। तुम जो भी हो मन्त्री, सचिव, संचालक, बाबू या चपरासी; जो भी हो नेता, पुलिस, पत्रकार, प्रोफेसर या पानवाले; जो भी हो चाचा, भतीजे, मामा, ससुर या भानजे; जो भी हो ब्राह्मण, क्षत्रिय, शूद्र, बनिया या

आदिवासी; जो भी हो पात्र, दर्शक, आलोचक, टिकट बेचनेवाले या पर्दा खींचनेवाले, उठो और बहुत देर से चल रहे इस नाटक को खत्म करो। इसके पहले कि यह हाथी तुम्हें कुचलने लगे तुम इसे अपने वश में करो। कोई सुन रहा है मेरी बात।

अन्धा-1 : कह दो साहब बाथरूम में हैं।

अन्धा-2 : आज हम दौरे पर जा रहे हैं, कभी बाद में मिलिए।

अन्धा-3 : विदेश यात्रा से लौटने के बाद ही मैं इस विषय में ठीक से कह सकूँगा।

अन्धा-4 : अपनी अप्लीकेशन छोड़ जाइए, हम विचार कर लेंगे।

अन्धी : आई लव यू। कब तक हम एक-दूसरे को यूँ ही दूर-दूर से देखते रहेंगे। मैं कितना अकेली महसूस करती हूँ तुम्हारे बिना। आओ हम दोनों प्यार के पवित्र बन्धन में बँध जाएँ और एक बार इस समाज को, इस निष्ठुर समाज को यह बता दें कि हाथी क्या है?

अन्धा-4 : मुझे कह रही हो डार्लिंग!

सूत्रधार : कब तक? आखिर कब तक ऐसा ही चलता रहेगा? वर्षों से यह हाथी इसी तरह धीरे-धीरे बढ़ रहा है। कभी यह सज-सँवरकर जुलूस में जाता है और कभी पागलों की तरह बाजार में दौड़ता है, खेतों में घुसकर हमारी फसल बर्बाद करता है। कभी सर्कस में माउथ आरगन बजाकर हमारा मन मोहता है, कभी इसके पैरों तले निरी जनता रौंदी जाती है और कभी यह सूँड़ उठाकर हमें सलाम करता है। कुछ समझ नहीं आता और ये

अन्धे, कम्बख्त कुछ नहीं कर रहे।

अन्धा-1 : मेरा डनलपिलो का तकिया कहाँ है?

अन्धा-2 : इम्पोर्टेड व्हिस्की है, पीओगे?

अन्धा-3 : नहीं, आज मैं आत्मसुधार के लिए अनशन कर रहा हूँ।

अन्धा-4 : आओ ना, क्या देर है?

अन्धी : आ रही हूँ ना, तुम बहुत जल्दी मचाते हो?

सूत्रधार : है कोई यहाँ अखबार का संवाददाता? अगर हो तो इस बात को नोट करे कि ये पाँचों अन्धे हाथी की ओर से बेखबर, कहिए लापरवाह, मेरा मतलब कुछ नहीं कर रहे। धाँधली मच रही है। कोई सुननेवाला नहीं है। आप पहले पृष्ठ पर यह समाचार छाप भंडाफोड़ कर दीजिए। आप सम्पादकीय लिखिए, मेरा पूरा लेख छापिए और प्लीज, साथ में मेरा फोटो भी जरूर छाप दीजिएगा।

अन्धा-4 : कौन शोर मचा रहा है?

अन्धा-2 : वही होगा सूत्रधार।

अन्धी : पता नहीं लोग बोर क्यूँ नहीं होते एक ही बात को बार-बार दुहराकर।

अन्धा-3 : इसका मुँह बन्द करने के लिए कुछ न कुछ करना होगा।

अन्धा-1 : आखिर चाहता क्या है?

अन्धा-2 : वही हाथी की समस्या।

अन्धा-4 : साला दर्शकों को हमारे खिलाफ भड़का रहा है।

अन्धी : आज के अखबार देखे, कितना खराब बयान दिया है इस सूत्रधार ने हमारे खिलाफ!

अन्धा-1 : चुनाव पास आ रहे हैं। सोचता हूँ कुछ कर लिया

जाए तो हर्ज नहीं।

अन्धी : क्या करोगे?

अन्धा-1 : यही सोच रहे हैं कि क्या करें?

अन्धा-2 : कुछ सोचो।

अन्धा-4 : यही सोच रहे हैं कि क्या सोचें?

अन्धा-3 : कोई मुश्किल नहीं। कोई मुश्किल नहीं।

अन्धा-1 : क्या है, तुम्हारे पास कोई हल?

अन्धा-3 : हमारा नारा होना चाहिए—हाथी हटाओ।

अन्धा-1 : चढ़ गई तुमको शायद आज।

अन्धी : ये ऐसा ही करते हैं। दो पैग में आउट हो जाते हैं।

अन्धा-4 : कमजोर है।

अन्धा-3 : एक नारा सबका ध्यान खींच लेगा—हाथी हटाओ।

अन्धा-2 : हाथी हटाओ।

सूत्रधार : मैं पूछता हूँ आप लोग कुछ कर भी रहे हैं या नहीं?

अन्धा-3 : हम विचार कर रहे हैं। शोर मत करो।

अन्धा-1 : भई इस नाटकवाले को बाहर का रास्ता दिखाओ।

[अन्धा-4 सूत्रधार के कन्धे पर हाथ रखकर एक ओर ले जाता है। शेष अन्धे चर्चा में व्यस्त हैं।]

अन्धा-4 : अन्दर जरूरी बैठक चल रही है।

सूत्रधार : मगर मेरी बात तो सुनिए।

अन्धा-4 : क्या है? क्या बात है?

सूत्रधार : मैं हाथी के विषय में गम्भीर तथ्य प्रस्तुत करना चाहता हूँ।

अन्धा-1 : यह समझता है हम लोगों को अकल ही नहीं है।

सूत्रधार : मैं जानना चाहता हूँ, आप लोग हाथी के विषय में क्या करने जा रहे हैं?

अन्धा-4 : शान्त-शान्त, ज्यादा भावुक होने की आवश्यकता नहीं है। हम लोग इस समय हाथी की समस्या पर ही विचार कर रहे हैं। अरे तुमसे ज्यादा चिन्ता है हमें हाथी की। यह ठीक है कि तुम हमें मंच पर लेकर आए हो, पर तुम हमारे बाप तो नहीं हो गए। आखिर हाथी एक राष्ट्रीय समस्या है जिसे हमें हल करना है। हमें।

सूत्रधार : बड़ी प्रसन्नता है कि आप लोगों की नींद तो खुली।

अन्धा-4 : यार, एक बात पूँछूँ?

सूत्रधार : कहिए।

अन्धा-4 : तुम हाथी को लेकर इतने परेशान क्यों हो? कोई खास बात है? व्हाट इज योर इन्टरेस्ट?

सूत्रधार : मैं...मैं परेशान क्यों हूँ...क्या मतलब?

अन्धा-4 : देखो, तुम हो सूत्रधार, नाटक के आदमी। तुम्हारा क्षेत्र सांस्कृतिक क्षेत्र है। तुम हाथी को लेकर क्यों अपना समय खराब करते हो। किसी अच्छे काम में लगो। जैसे कोई नया नाटक शुरू करो। हमसे जो मदद चाहिए, बोलो।

सूत्रधार : देखिए, हाथी सांस्कृतिक क्षेत्र में भी है। वह मंच पर है। वह सर्वत्र है।

अन्धा-4 : हाथी-हाथी क्या करते रहते हो, अपनी बात बोलो, तुम्हें क्या चाहिए।

सूत्रधार : हाथी की समस्या देश की समस्या है और...।

अन्धा-4 : अजीब आदमी से पाला पड़ा है। हम तुम्हारे भले के लिए कहते हैं और तुम हाथी-हाथी—हुँह!

अन्धा-1 : अरे क्यों उसे मुँह लगाता है। बाहर कर दे। गेट आउट।

अन्धा-4 : मानता ही नहीं, हाथी-हाथी चिल्लाता है।

अन्धा-1 : चिन्ता मत करो। उसका उत्तर है हमारे पास। हमने निश्चय कर लिया है कि चुनौती का मुकाबला किया जाएगा।

अन्धा-3 : अब हाथी पर हमारा अधिकार होगा।

अन्धी : अधिकार न भी जम पाए, प्रयत्न करने का क्रेडिट तो मिलेगा। वह कहाँ जाता है।

अन्धा-2 : चलो, यही सही।

अन्धी : कोई मेरा हाथ पकड़ हाथी के पास ले चलो।

[पाँचों अन्धे धीमे-धीमे गोल-गोल घूमते हैं; चौकन्ने और लगभग एक साथ पैर रखते हुए। स्पष्ट है कि वे इस समय हाथी के चारों ओर घूम रहे हैं।]

सूत्रधार : और काफी बहस-झगड़े के बाद वह ऐतिहासिक क्षण आ ही गया जब हाथी चारों ओर से अन्धों से घिर गया। अन्धे हाथी को वशीभूत करने के लिए बेचैन हो उठे। हमारे राष्ट्र के लिए यह अत्यन्त गौरव की घड़ी है जब सारे अन्धे एक होकर हाथी के खिलाफ खड़े हो गए। अब हमारी प्रगति को कोई नहीं रोक सकता। हाथी जल्दी ही हमारी मुट्ठियों में होगा। अन्य राष्ट्र हमारी इस सफलता से अवश्य ईर्ष्या कर रहे होंगे।

[पाँचों अन्धे धीरे-धीरे पैर रखते गाने लगते हैं।]

गीत

हाथी...हा हा हा हाथी
हाथी...हा हा हा हाथी
जाएगा अब कहाँ पर
आएगा अब कहाँ से
खाएगा अब कहाँ पर
लाएगा अब कहाँ से
कोशिश हमारी धाँसू
तेरी आँखों में आँसू
बन्द सारे दरवाजे
मौत का बाजा बाजे
बचकर जाता भी कैसे
जाकर आता भी कैसे
राह कहाँ थी
हा हा हा हाथी
हा हा हा हाथी

[कुछ क्षण के लिए मंच पर चुप्पी छा जाती है। अन्धे धीरे-धीरे हाथी की ओर बढ़ रहे हैं। तभी अन्धा-4 टटोलते हुए अन्धी के पास पहुँच जाता है। उसे छूता है।]

अन्धा-4 : कौन? क्या तुम हाथी हो?

अन्धी : नहीं, मैं हूँ अन्धी।

अन्धा-4 : काश! तुम हाथी होतीं। जीवन भी कैसा है, मनुष्य हाथी की तलाश में निकलता है और उसे अन्धी मिल जाती है।

अन्धी : मैं स्वयं तुम्हें हाथी समझ रही थी। मुझे लगा मेरे जीवन का लक्ष्य मिल गया।

अन्धा-4 : जो भी हो, ठीक है। हम इसी पर सन्तोष कर लें। मैं तुम्हें हाथी समझ लूँ, तुम मुझे हाथी समझ लो और इसी को अपने जीवन की अन्तिम मंजिल मान हम सुख से रहें।

अन्धी : नहीं, मैं निराश नहीं हूँ। मुझे लगता है मैं हाथी को पा लूँगी।

अन्धा-4 : तो ठीक है, मैं भी हाथी की खोज में जाता हूँ। वह न भी मिले, तुम तो कहीं नहीं गई।

अन्धी : मेरा द्वार सदैव खुला रहेगा।

अन्धा-4 : उसे बन्द कर लो प्रिये! जानती नहीं, यहीं कहीं एक हाथी भटक रहा है।

अन्धा-1 : *(दीवार पर हाथ फेरने की मुद्रा में)* मिल गया, मुझे हाथी मिल गया, मुझे हाथी मिल गया।

अन्धा-2 : क्या कह रहे हो?

अन्धा-1 : सच कह रहा हूँ।

अन्धा-3 : बधाई हो भाई!

अन्धा-4 : लकी बास्टर्ड।

अन्धी : कहाँ है हाथी। कैसा है हाथी? तुम कहाँ हो? सुनो, क्या मेरी आवाज तुम तक पहुँचती है? तुम कितने अच्छे हो!

अन्धा-1 : हाथी।

अन्धा-2 : अरे बताओ यार, कैसा है?

अन्धा-1 : दीवार की तरह। बिलकुल एक दीवार की तरह।

अन्धा-4 : हो सकता है वह दीवार ही हो, हाथी न हो।

अन्धा-1 : दीवार है। मैं अब सारे राष्ट्र को बता सकता हूँ कि हमारी समस्या का हाथी दीवार की तरह है।

अन्धा-3 : तब तो उससे टकराना एक दीवार से टकराने की तरह व्यर्थ हो सकता है।

अन्धी : मुझे यहाँ सोच अच्छा नहीं लग रहा कि मेरे सपनों का हाथी दीवार की तरह है। कितनी गैर-रूमानी बात है!

अन्धा-2 : जरा देखना उस दीवार पर कैलेंडर वगैरा तो नहीं टँगा।

अन्धा-1 : नहीं।

अन्धा-2 : कोई खिड़की, कोई खूँटी, कोई ताक या सरकारी क्वार्टरों की तरह बड़ा-सा क्रेक तो नहीं।

अन्धा-1 : नहीं भाई, यह हाथी है।

अन्धा-2 : ठहरो, मैं तुम्हारे पास आता हूँ।

[हाथ उठाए बढ़ता है। सहसा चौंक जाता है।]

यह क्या है?

अन्धा-4 : हाथी होगा? नहीं सूत्रधार?

अन्धा-2 : हाथी? मगर यह दीवार-जैसा तो नहीं।

अन्धा-4 : तो जरूर सूत्रधार है।

सूत्रधार : मैं नहीं हूँ।

अन्धा-2 : वह जिसे औरतें आँगन में बैठी हिलाया करती हैं।

अन्धा-4 : आँचल।

अन्धा-2 : नहीं।

अन्धा-4 : अन्धी तुम कहाँ हो, तुम्हारा आँचल उसके समीप क्यों हिल रहा है?

अन्धी : मैं यहाँ हूँ।

अन्धा-2 : अरे वह जिससे औरतें अनाज साफ करती हैं।

अन्धा-3 : चलनी, चलनी कहते हैं उसे।

अन्धी : सूप, सूपड़ा, मुझसे पूछो ना।

अन्धा-2 : सूप की तरह, सूप ही। हाथी सूप की तरह है।

अन्धा-1 : क्या, किसे कह रहे हो?

अन्धा-2 : हाथी को कह रहा हूँ।

अन्धा-1 : वह दीवार की तरह है।

अन्धा--2 : सूप की तरह। वह सूप इस समय मेरे हाथों में है। यही हाथी है।

अन्धा-1 : पता नहीं, तुम किस गलत जगह पहुँच गए।

अन्धा-2 : उस दीवार के पास से हटो, हाथी यहाँ से। सूप की तरह। जब हिलता है मुझे ठंडी हवा का एक मधुर झोंका आता है।

अन्धा-4 : जरा जोर-जोर से हिला। इस साल गर्मी बहुत ज्यादा है।

अन्धा-2 : हाथी में गति है, प्राण है, एक तड़प है कुछ कर गुजरने की, पर उस पर नियन्त्रण कठिन नहीं। हाथी मेरे वश में है।

अन्धा-1 : पागलों की तरह क्या बड़बड़ा रहे हो, मुझे कुछ समझ नहीं आता। यह दीवार की तरह फैली हुई मजबूत-सी चीज है जिसे मैं पूरी शक्ति लगा पीछे हटाना चाहूँ तो भी पीछे नहीं हटेगी। एक व्यक्ति के वश की बात नहीं है। पूरा राष्ट्र इसे मिलकर धकाए तब काम चलेगा।

अन्धा-4 : जरा इस पक्ष पर भी विचार कर लेना उचित होगा कि कहीं दीवार ही तो सूप की तरह नहीं है।

अन्धा-1 : चुप रहो। तुम मामले को और अधिक उलझा रहे हो।

अन्धा-2 : यदि सूप दीवार की तरह हो जाए तो माँ-बहनें अनाज कैसे साफ करेंगी। राष्ट्र पर संकट पैदा हो जाएगा। इमरजेंसी लागू करनी पड़ेगी।

अन्धा-3 : सुनो, इन दोनों को बहस में उलझने दो। इधर आओ, इधर आओ, क्यों नहीं हम इस समस्या पर विचार करें।

अन्धा-4 : यह ठीक है अन्धी, इधर की बाजू आ।

अन्धी : आई।

[तीनों परस्पर समीप आते हैं।]

अन्धी : बोलो, क्या बात है?

अन्धा-3 : हाथी के स्वरूप को लेकर उन दोनों में मतभेद उभर रहे हैं। ऐसे में हमारा क्या कर्त्तव्य बनता है? किसका साथ दें? किसकी बात मानें?

अन्धा-4 : दोनों में समझौता कराने के प्रयास किए जाएँ। इससे हो सकता है नेतृत्व हमारे हाथ में आ जाए।

अन्धा-3 : वाह क्या बात है! यार तुम हो बड़े खुर्राट।

अन्धी : सुनिए, क्या यह सम्भव नहीं कि आप दोनों महानुभाव हाथी के स्वरूप को लेकर बढ़ रहे परस्पर मनमुटाव को त्याग दें तथा दल की एकता और राष्ट्र के व्यापक हित को दृष्टिगत रखते हुए कोई एक बात स्वीकार कर लें।

अन्धा-1 : नहीं, यह असम्भव है।

अन्धा-2 : यह सिद्धान्त का प्रश्न है।

अन्धा-1 : थोथे आदर्शवाद के लिए अनुभव की प्रामाणिकता की बलि नहीं दी जा सकती।

अन्धा-2 : हम सिर्फ इस तथ्य पर सहमत हैं कि हम असहमत हैं।

अन्धा-4 : भाड़ में जाओ दोनों।

अन्धा-3 : एकता के हमारे प्रयास असफल रहे। अब हमें

निर्णय लेना है कि दोनों में सत्य क्या है?

अन्धा-4 : हम जिसे समर्थन देंगे वह बहुमत में होगा और जो बहुमत में है वही सत्य है। मगर इसके बदले में हमें क्या मिलेगा?

अन्धा-1 : मुझे समर्थन दो। मैं बदले में उस हाई पावर कमेटी की सदस्यता दूँगा जो हाथी की राष्ट्रीय समस्या के निवारण के लिए गठित की जाएगी। फिर क्या है, मजे में रहना। दौरा, भत्ता, बँगला। एक महत्त्वाकांक्षी भारतवासी को और क्या चाहिए। खाओ, पिओ, पड़े रहो मौज से।

अन्धा-2 : यदि मेरा समर्थन करोगे तो मैं तुम्हारी कठपुतली बनकर रहूँगा। जो सलाह दोगे वही काम करूँगा। तुम्हारा दास हूँ। अपने इस सूपनुमा हाथी सहित तुम्हें समर्पित हूँ प्यारे...। मेरी तरफ आ जाओ।

अन्धी : क्यों नहीं सूत्रधार जी से सलाह ले ली जाए। देखें वे क्या कहते हैं!

अन्धा-4 : अरे छोड़ो उसे। वह क्या बताएगा। जनता को इन गम्भीर विषयों में कोई समझ नहीं होती। इस समय वह टकटकी लगाए हमारी ओर देख रहा होगा। बेचारा आँखवाला!

अन्धा-3 : ऐरो-गैरों से मार्गदर्शन लेकर अपना सम्मान नहीं गिराएँगे। सुनो, इस समय हम ठीक से खेलें तो स्थितियाँ हमारी मुट्ठी में आ जाएँगी। तुम मंच के एक छोर पर जाओ, मैं दूसरे छोर पर जाता हूँ। हम भिन्न दिशाओं से हाथी की तरफ बढ़ते हैं। जिस बिन्दु पर आकर हम दोनों मिलेंगे, हाथी हमारी बाँहों में होगा।

अन्धा-4 : क्या बात है, हाथ मिलाओ।

[अन्धा-3 और अन्धा-4 हाथ पकड़कर प्रसन्नता से नाचते हैं। अन्धी ताली बजाती गाती है।]

अन्धी : *हाथी....हा हा हा....हाथी*
मेरी चाहों का हाथी
पी की राहों का हाथी
आया बाँहों में हाथी
हाथी....हा हा हा.... हाथी

अन्धा : बस। कर्मक्षेत्र में कूद पड़ने का समय आ गया है, इतिहासकार तुम जहाँ हो गर्दनें घुमाकर हमारी ओर देखो। हम हाथी को वश में करने जा रहे हैं।

अन्धा-1 : उल्लू के पट्ठे!

अन्धा-2 : मूर्ख, नासमझ!

अन्धा-1 : व्यक्तिवादी!

अन्धा-2 : सिद्धान्तहीन!

अन्धा-1 : गुंडे!

अन्धा-2 : बदमाश, धोखेबाज!

[अन्धा-3 और अन्धा-4 मंच के भिन्न छोर पर पहुँच जाते हैं। वहाँ से वे दोनों एक-दूसरे की ओर बढ़ते हैं।]

अन्धी : कैसा सुहाना मौसम है। बाग में कोयल कूक रही है।

अन्धा-2 : सड़क पर रोडरोलर चल रहे हैं।

अन्धी : आम्रकुंजों में बसन्त छा गया।

अन्धा-2 : दीवारों पर परिवार नियोजन के पोस्टर लग गए।

अन्धी : कैसी मधुर बेला है!

अन्धा-2 : रुपया दर्जन केला है।

[अन्धा-3 मानो हाथी की सूँड़ और अन्धा-4 हाथी की पूँछ पकड़ लेता है।]

अन्धा-3 : हाथी!

अन्धा-4 : हाथी मुझे मिल गया।

अन्धा-1 : जरूर दीवार की तरह होगा।

अन्धा-2 : जरूर सूप की तरह।

अन्धा-3 : दोनों झूठे हो। तुम्हें हाथी कभी मिला ही नहीं था। तुम दोनों हमें मुर्ख बना रहे थे।

अन्धा-4 : ठीक कह रहे हैं भाई साहब। न दीवार है, न सूप। यह तो कुछ और ही है।

अन्धा-3 : बहुत मोटे साँप या अजगर की तरह। कदली वृक्ष की तरह चिकना। इस पर हाथ फेरते हुए यों लगता है जैसे किसी स्त्री की सुडौल जाँघें।

अन्धी : सच! क्या हाथी इतना सुकोमल है!

अन्धा-4 : अन्धी, अपना पैर हटा ले वहाँ से। इसका दिमाग खराब हो रहा है।

अन्धी : कदली वृक्ष-सा चिकना, सुकोमल, मेरा हाथी।

अन्धा-4 : अरी, ऐसा कुछ भी नहीं। न जाँघें, न कदली वृक्ष, न अजगर। जिस हाथी को लेकर इतना शोर मचाया जा रहा था वह एक मामूली रूखा रस्सी का टुकड़ा है, मगर बड़ा मजबूत है। मैं चाहूँ तो उससे झूल सकता हूँ।

अन्धा-3 : उँह, रस्सी का टुकड़ा। उससे फाँसी लगा ले गले में। मर जा कम्बख्त!

अन्धा-4 : फाँसी तो तुम लोगों को लगनी चाहिए जो बात

का बतंगड़ बना रहे थे। रस्सी के छोटे-से टुकड़े को दीवार, अजगर और जाने क्या-क्या बताकर पूरे राष्ट्र को डरा रहे थे।

अन्धा-1 : हाथी दीवार की तरह है।

अन्धा-2 : हाथी सूप की तरह है।

अन्धा-3 : हाथी अजगर की तरह है।

अन्धा-4 : हाथी रस्सी की तरह है।

अन्धी : नहीं, नहीं, नहीं, नहीं, समस्या का विश्लेषण करनेवाली राष्ट्र की प्रतिभाओं को मैं इस तरह छिन्न-भिन्न होते नहीं देख सकती। यह क्या हो रहा है? मंच पर कैसा हाथी है जिसने हमें एक-दूसरे से अलग कर दिया।

[घुटनों के बल बैठकर अन्धों से निवेदन करती है।]

ओ राष्ट्र के अन्धो, किसी एक निर्णय पर पहुँचो। हाथी क्या है, कैसा है, इस पर अन्धों के अलग-अलग विचार कैसे हो सकते हैं यदि हाथी एक ही है, वही है।

[धीरे-धीरे घुटनों के बल घिसटती-सी अन्धों की ओर हाथ से टटोलती हुई बढ़ती है और तभी उसके हाथ सहसा रुक जाते हैं! अन्धी को मानो हाथी का एक पैर मिल जाता है।]

यह क्या? क्या यह हाथी है? हाँ वही, वही तो होगा।

अन्धा-1 : है ना दीवार की तरह।

अन्धा-2 : सूप हिला रही हो मेरी तरह।

अन्धा-3 : तुझे लगता होगा जैसे अपने ही शरीर पर हाथ फेर रही हो।

अन्धा-4 : अर्थात् रस्सी का दूसरा छोर तुझे मिल गया अन्धी। आ मेरे समीप आ। हम अपना हाथी लिये इस झूठे फरेबी मंच से कहीं दूर चलें जहाँ तू हो और मैं और हमें प्रेम के बन्धन में बाँधनेवाली यह रस्सी, यानी हाथी।

अन्धी : किसी भवन के स्तम्भ की तरह गोल, धरती से ऊपर को उठता हुआ हाथी मेरी बाँहों में है। हाथी, मेरा हाथी।

अन्धा-4 : क्या कह रही हो? रस्सी को खम्भा समझ रही हो।

अन्धा-1 : और तू दीवार को रस्सी।

अन्धा-2 : और तू अजगर को दीवार।

अन्धी : तुम सब गलत हो। हाथी खम्भे की तरह है।

अन्धा-1 : चोप।

अन्धा-4 : रस्सी।

अन्धा-1 : दीवार।

[दीवार, रस्सी, सूप, खम्भा, अजगर को लेकर कोलाहल बढ़ता जाता है। सब एक-दूसरे पर आरोप लगाने, प्रहार करने की मुद्रा में हैं। तभी सूत्रधार उठकर मंच के अग्रिम भाग में आकर खड़ा हो जाता है और आरोप-प्रत्यारोप की मुद्रा में अन्धों का दृश्य फ्रीज हो जाता है।]

सूत्रधार : देख रहे हैं आप लोग या आप भी नहीं देख रहे?

हाथी दिखाई दे रहा है? नहीं। अन्धे दिखाई दे रहे हैं? वे भी नहीं। हो सकता है आप में से कुछ को सिर्फ अन्धे दिखाई दे रहे हों, हाथी नहीं या सिर्फ हाथी दिख रहा हो, अन्धे नहीं। या दोनों? या एक भी नहीं? या कोई एक? या एक का कुछ भाग? यह सब आपके दृष्टिकोण पर निर्भर करता है। आप अपने दृष्टिकोण को राजनीतिक, आर्थिक या राष्ट्रीय या जो भी चाहें कह सकते हैं। कोई फर्क नहीं पड़ता। या कुछ भी न कहिए क्योंकि यह सच है कि आप एक नाटक देख रहे हैं जो मंच पर चल रहा है। सारे देश में चल रहा है। अब जरा सोचिए कि वह अन्धा, जो हाथी को दीवार समझ रहा है, पूँछ की जगह होता अथवा वह जो सूँड़ पकड़े है, कान के पास होता तो स्थिति में क्या अन्तर पड़ता?

अन्धा-1 : मेरे इमेज का क्या होगा?

अन्धा-2 : जनता के मन में मेरी एक छवि है, हिलते सूप को दृढ़ता से थामे राजनेता। वह बिगड़ जाएगी यदि मैं यह जगह छोड़ दूँ।

अन्धा-3 : वे मुझे सदैव अपने अजगर के साथ देखना चाहते हैं।

अन्धा-4 : जनता उस क्षण की प्रतीक्षा कर रही है जब मैं रस्सी से झूल जाऊँगा।

अन्धी : वे मुझे खम्भे से चिपका हुआ देख अत्यन्त आनन्दित अनुभव करते हैं।

[अन्धे का दृश्य फ्रीज हो जाता है।]

सूत्रधार : स्थिति में कोई अन्तर नहीं पड़ता। तब भी ये

लोग इसी तरह लड़ते-झगड़ते। और मान लीजिए एकमत होते। जैसे यों कि ये पाँचों अन्धे एक दिशा से हाथी के समीप पहुँचते और उसकी पीठ पर हाथ लगा उसे दीवार मान लेते अथवा उसके चरणों में गिर उसे खम्भा समझ लेते तो क्या होता? आप यह सब देख अत्यन्त प्रसन्न एवं आश्वस्त अनुभव करते कि अन्धों में एकता है। आपको भविष्य सुरक्षित लगता। उनका भी और अपना भी। अन्धे पाँच हैं। मानो छह होते। तब? तब आपको हाथी को लेकर छह विचार सुनाई देते। या सात या दस, जितने भी अन्धे होते। अथवा अन्धों के समूह बन जाते। एक समूह मानता कि हाथी दीवार की तरह है और दूसरा समूह मानता कि अजगर की तरह। ये समूह कहलाते दीवारपन्थी, सूपपन्थी या खम्भापन्थी या दीवारवादी, खम्भावादी या अजगरवादी। बड़े-बड़े दल और उनके माननेवाले। तब क्या होता? कुछ नहीं होता। आप जैसे दर्शकों की संख्या लाखों होती और मंच पर हजारों अन्धे अभिनय करते। कितना विराट होता वह नाटक पर कुल मिलाकर यही होता जो इस समय वर्षों से चल रहा है।

[सहसा चौंककर]

मगर मैं एक बात तो भूल ही गया। ये अन्धे पात्र तो इस प्रकार निश्चल अवस्था में खड़े रह सकते हैं, मगर हाथी, हाथी मंच पर कब तक खड़ा रहेगा? मुझे आज्ञा दें, मैं अन्दर छोड़ आऊँ।

[सूत्रधार अन्धों के बीच जाता है, हाथी को मानो डोर से पकड़ उसी तरह ले जाने लगता है जैसे लाया था, हाथी के हिलने से अन्धे पीछे गिरते हैं, भागते हैं, डरते हैं, चीख-चिल्लाहट मच जाती है। सूत्रधार चला जाता है। पाँचों अन्धे यहाँ-वहाँ बिखरे हैं। कुछ क्षण चुप्पी रहती है। सब चोट खाए हैं। वे जहाँ हैं वहीं गाने लगते हैं।]

सब

हाथी...हा हा हा...हाथी
हाथी...हा हा हा...हाथी

अन्धा-4 : *(अन्धी के पास आ)* बहुत चोट तो नहीं आई अन्धी! समाज-सेवा के क्षेत्र में ऐसा होता ही रहता है।

अन्धी : मुझे यों लगा जैसे वह खम्भा, वह हाथी अचानक ऊपर उठ रहा है और दूसरे ही क्षण मेरे शरीर पर गिरनेवाला है। मैं बच गई, बच गई।

अन्धा-4 : किस्मत अच्छी थी मेरी जो उस समय मैं रस्सी से लटका हुआ नहीं था अन्यथा हवा में झूलता हुआ चला जाता।

अन्धा-1 : एकाएक वह दीवार हिलने लगी। मुझे लगा मुझ पर गिरने ही वाली है। अब गिरी, अब गिरी। मैं भागा। भाड़ में जाए ऐसा हाथी।

अन्धा-3 : हुँह, दीवार होती तब न गिरती। वह तो अजगर था। वह ऊपर उठा, मुझसे लिपटने ही वाला था कि मैंने बहादुरी से तुरन्त पीठ घुमाई और यहाँ आ गिरा। आनेवाले जोखिम को महसूस कर

पैतरा बदलना ही राजनीति है।

अन्धा-2 : बोलने दो मूर्खों को। सुनता कौन है। मैं सम्मानपूर्वक बच गया, नहीं, इस घटना ने सबकी इज्जत गिरा दी।

अन्धा-1 : तुम्हारा समाज में कभी सम्मान था ही नहीं जो अब गिरे।

अन्धा-2 : निकल गई चीज हाथ से, नहीं सब मानते मेरी खोज को। जो भी हो, मैं इस वर्ष हाथी पर अपना शोध-ग्रन्थ प्रस्तुत कर पी-एच.डी. ले रहा हूँ। मेरा निष्कर्ष यही है कि हाथी सूप के समान है।

अन्धा-4 : एक विश्वविद्यालय से इसी विषय पर मैं पी-एच. डी. ले सकता हूँ। वहाँ का हेड ऑफ दी डिपार्टमेंट मेरी जाति का है। बड़े दिनों से कह रहा है, यार कुछ भी लिख ला और ले जा पी-एच.डी। मुझे ही फुरसत नहीं थी। भाड़ में जाए हाथी और हाथी की समस्या। अपनी तो पी-एच.डी. पक्की।

अन्धी : मगर वह हाथी आखिर कहाँ है, किसी ने सोचा?

अन्धा-3 : जान छुड़ाकर भागा वह यहाँ से।

अन्धा-2 : होगा यहीं कहीं।

अन्धा-4 : मगर कहाँ?

अन्धी : मुझे डर लग रहा है।

अन्धा-4 : मैं तेरे पास हूँ, डरने की क्या बात है।

अन्धी : वह आसपास हो और हम पर एकाएक हमला कर दे तो।

अन्धा-1 : ऐसे में वह सूत्रधार का बच्चा कहाँ चला गया?

अन्धा-2 : सूत्रधार, अबे ओ सूत्रधार!

अन्धा-3 : श्रीमान् सूत्रधार जी...ओ श्रीमान् सूत्रधार जी!

अन्धा-1 : पता नहीं, कहाँ है दुष्ट। सुनो, समय आ गया है

जब एकता जरूरी है। इसके पूर्व कि वह खतरनाक हाथी हम पर आक्रमण करे, हमें उसे पकड़ लेना चाहिए।

अन्धा-4 : मार डालो साले को। खत्म कर दो।

अन्धा-3 : मगर है कहाँ हाथी?

अन्धी : मुझे डर लग रहा है। हाथी...देखो, तुम जो-जो भी हो,

[उठकर यहाँ-वहाँ भटकती है]

जहाँ भी हो, मुझ पर आक्रमण न करना। मैं तुम्हारा बहुत आदर करती हूँ हाथी। तुमसे प्रेम करती हूँ। मेरे हाथी!

अन्धा-4 : मेरे हाथी। हुँह। मैं देखता हूँ इस हाथी के बच्चे को। ऐ हाथी के बच्चे, मेरे सामने आ, नहीं तो समझ ले, राजनीति के इतिहास में मुझसे बढ़कर हाथी का शत्रु कोई नहीं होगा।

अन्धा-2 : हाथी, मैं तुम्हें अपने बराबर की शक्ति मानता हूँ। तुम्हारी ओर मैत्री और सहयोग का हाथ बढ़ाता हूँ। आओ, हम गले मिलें।

अन्धा-1 : मित्र बनकर आए या शत्रु बनकर, इतना ध्यान रखो कि एक बार गले पड़ गया तो लौटने का नाम नहीं लेगा। हमें हाथी से बचने के लिए सुरक्षा की व्यवस्था करनी चाहिए।

अन्धा-3 : यदि उसे आना है, वह आएगा। यदि नहीं आना, नहीं आएगा। हम इसमें क्या कर सकते हैं। जब जैसा अवसर होगा वैसा हमें करना होगा। यदि वह मित्र बनकर आता है, हम उसे मित्र मानेंगे। यदि शत्रु बनकर आएगा, हम उससे लड़ेंगे। इस विषय

में नीति नहीं बनाना ही सबसे अच्छी नीति है।

[पाँचों अन्धे यहाँ-वहाँ घूम हाथी की तलाश करते हैं।]

अन्धा-2 : हमें हाथी की तलाश करनी चाहिए।

अन्धा-1 : हमें हाथी से सुरक्षा करनी चाहिए।

अन्धी : हमें हाथी से मैत्री करनी चाहिए।

अन्धा-4 : हमें हाथी को नष्ट कर देना चाहिए।

अन्धा-3 : यार सुनो, कहीं ऐसा न हुआ हो कि वह सामने बैठे दर्शकों में चला गया हो।

अन्धा-4 : और किसी जगह बैठा आँखें फाड़ हमारी ओर देख रहा हो!

अन्धा-2 : हँस रहा हो, कैसा बुद्धू बनाया। हम नाटक ही करते रहे, समस्या ज्यों-की-त्यों रही।

अन्धा-1 : चलो अच्छा है। पीछा छूटा। बयान दे देंगे। हमने समस्या पर विचार किया और निर्णय को जनता पर छोड़ दिया।

अन्धी : और कहीं इस भयानक प्राणी के कारण जनता पर कष्ट आया, लोग मरे या ऐसा ही कुछ। तब क्या होगा?

अन्धा-1 : मरने दो। राष्ट्रीय समस्या खड़ी होती है, कुछ भी बलि तो लेती ही है। हम सहानुभूति का प्रदर्शन करेंगे, जाँच करवाएँगे, पीड़ितों को थोड़ी-सी सहायता बाँट देंगे। और क्या किया जा सकता है। सबसे अच्छी बात है कि वह मंच पर नहीं, और हम सुरक्षित हैं।

अन्धा-3 : तो क्यों नहीं हम एक संयुक्त बयान दें। नेतृत्व बनाए रखने के लिए यह आवश्यक है।

अन्धा-2 : जरा मैं भी सुनूँ, इरादा क्या है?

[पाँचों अन्धे समीप आते हैं और खुसर-फुसर मन्त्रणा करते हैं, गम्भीर। फिर परस्पर निश्चय कर भिन्न दिशाओं में दर्शकों को सम्बोधित करते हैं।]

अन्धा-1 : हम अन्धों ने हाथी की गम्भीर राष्ट्रीय समस्या पर विस्तृत रूप से विचार किया है।

अन्धा-2 : गहन विचार-विमर्श के उपरान्त हम इस निर्णय पर पहुँचे हैं कि हाथी एक गम्भीर राष्ट्रीय समस्या है।

अन्धा-3 : इस पर तुरन्त नियन्त्रण नहीं किया गया तो वह विकसित हो सकती है।

अन्धा-4 : हमें इसके समुचित विकास पर ध्यान देना है।

अन्धी : उक्त उद्‌देश्य से तुरन्त अनिवार्य कदम उठाने होंगे।

अन्धा-1 : शासन को इस समस्या की गम्भीरता को ध्यान में रखते हुए युद्ध-स्तर पर कार्यवाही करनी होगी।

अन्धा-2 : राज्यों से कहा जाएगा कि वे हाथी की समस्या को प्राथमिकता दें।

अन्धा-3 : राज्य के मुख्यमन्त्री कमिश्नरों से कहेंगे कि वे हाथी की समस्या को प्राथमिकता दें।

अन्धा-4 : और कमिश्नर जिला कलेक्टरों और जिला कलेक्टर तहसीलदारों से।

अन्धी : और तहसीलदार पटवारी से।

अन्धा-4 : और पटवारी अपनी पत्नी से।

अन्धा-1 : समस्त शासकीय, अशासकीय एवं अनुदान प्राप्त

संस्थाओं को हाथी की समस्या में पूरा योग देने के लिए कहा जाए।

अन्धा-2 : विज्ञापन दिए जाएँ। रेडियो, टेलीविजन से धुआँधार कार्यक्रम हों।

अन्धा-3 : कवि और लेखक हाथी पर लिखें। नाटककार हाथी के सवाल पर नाटक खेलें।

अन्धा-4 : शिक्षण संस्थाओं को आज्ञा दी जाए कि वे छात्रों को हाथी के सम्बन्ध में बताएँ।

अन्धी : समस्या की ओर जनता का ध्यान आकर्षित करने के लिए देश-भर में हाथी-दिवस, हाथी-सप्ताह और हाथी-पखवाड़ा मनाया जाए।

अन्धा-1 : संयुक्त राष्ट्र संघ से कहा जाए कि वह वर्तमान वर्ष को हाथी-वर्ष घोषित करें।

अन्धा-2 : हाथी पर डाक टिकट छापे जाएँ।

अन्धा-3 : शहर की दीवारों पर हाथी के पोस्टर लगाए जाएँ।

अन्धा-4 : देश के सिनेमाघरों में हाथी पर वृत्तचित्र दिखाए जाएँ।

अन्धी : ऐलान कर दिया जाए, डुग्गी पीट दी जाए।

अन्धा-1 : कि हाथी हाथी है और हम जानते हैं कि वह हाथी है।

अन्धा-3 : हाथी के प्रति हम सजग और चिन्तित हैं। यही अपेक्षा जनता से करते हैं।

अन्धा-2 : हाथी के सवाल पर समितियाँ बनें, सभाएँ की जाएँ।

अन्धा-4 : जुलूस निकाले जाएँ, नारे लगाए जाएँ।

अन्धी : फौज और पुलिस को चाहिए कि वे हाथी पर कड़ी नजर रखें। हाथी नियन्त्रण में रहे ताकि वह

विकसित हो सके।

[भिन्न दिशाओं में उक्त घोषणाएँ करते अन्धे समीप आने लगते हैं। पंक्तिबद्ध खड़े होते हैं।]

अन्धा-1 : हम हाथी पर कड़ी नजर रखेंगे।

अन्धा-2 : हाथी कड़ी नजर रखने लायक चीज है।

अन्धा-3 : कड़ी नजर वही है जो हाथी पर रखी जाए।

अन्धा-4 : कड़ी नजर हाथी के लिए वरदान है।

अन्धी : कड़ी नजर से अन्ततः हाथी को ही लाभ होगा।

अन्धा-1
अन्धा-2 } : राष्ट्र के हम अन्धे

अन्धा-3 : हाथी पर कड़ी

अन्धा-4 : नजर रखने के लिए

अन्धी : प्रतिबद्ध हैं।

[पाँचों अन्धे गर्व से सिर उठाए चुप खड़े हो जाते हैं। सूत्रधार प्रसन्न होकर तालियाँ बजाता आता है।]

सूत्रधार : बधाई हो, बधाई हो! मैं अभी-अभी हाथी के सम्बन्ध में आपकी घोषणाएँ सुनकर चला आ रहा हूँ। सारे देश में आपकी प्रशंसा हो रही है। लोग सड़कों पर नाच रहे हैं। आपकी जय-जयकार कर रहे हैं।

[पाँचों अन्धे सूत्रधार की आवाज सुन चौंकते हैं।]

अन्धा-1 : किसकी आवाज है? कौन बोल रहा है?

सूत्रधार : मैं हूँ सूत्रधार। पहचाना आपने? मैं ही आपको इस मंच पर लाया। मैंने ही आपके सम्मुख हाथी की समस्या प्रस्तुत की थी।

अन्धा-1 : पहचानते हैं, हम सब तुझे अच्छी तरह पहचानते हैं।

[अन्धे सूत्रधार को चारों ओर से घेरने लगते हैं।]

अन्धा-2 : सूत्रधार!

अन्धा-3 : सूत्रधार का बच्चा!

अन्धा-4 : हाथी लेकर तू ही आया था।

सूत्रधार : सारा देश आपको बधाई दे रहा है। मैं भी आपको....।

अन्धा-1 : यह सब हमारी प्रतिभा के कारण है।

अन्धा-2 : यह हमारी राजनीति का चमत्कार है।

अन्धा-3 : हम जानते हैं कि जनता को कैसे मूर्ख बनाया जाता है।

अन्धा-4 : जनता मूर्ख है।

सूत्रधार : पर आप वास्तव में हाथी की समस्या से जूझना चाहते हैं...यह कितनी अच्छी बात है!

अन्धी : हाथी हमारी समस्या नहीं।

अन्धा-1 : हमारी समस्या है तू और तुझ जैसे लोग जो सवाल खड़े करते हैं।

अन्धा-2 : हाथी का सवाल।

अन्धा-4 : सूत्रधार का बच्चा!

अन्धा-3 : इसी ने समस्या खड़ी की और हमें फँसाया था।

अन्धी : हाथी को यही लेकर आया था।

अन्धा-1 : हमारा शत्रु तू है। तू है हमारा शत्रु।

अन्धा-3 : हर प्रश्न उठानेवाला हमारा शत्रु है।

अन्धा-4 : मारो, मारो साले को।

अन्धा-2 : मारो, मारो, मारो।

अन्धा-3 : लाठी, टीअरगैस, गोली। फायर....फायर!

अन्धा-1 : मारो, मारो।

[सब मिलकर सूत्रधार पर प्रहार करते हैं। सूत्रधार गिर जाता है। अन्धे पीछे हटते हैं।]

अन्धा-1 : मर गया साला!

[पाँचों अन्धे सूत्रधार के शरीर की ओर घृणा से देखते हैं और फिर परस्पर मन्त्रणा करते हैं। फिर अन्धी मंच के अग्रभाग में आती है। शेष अन्धे दुखी और सन्तप्त चेहरा ले सूत्रधार के चारों ओर खड़े हो जाते हैं।]

अन्धी : *(दर्शकों से)* सूत्रधार जी नहीं रहे। यह हमारे लिए हार्दिक शोक और सन्ताप का दिन है, जब राष्ट्र ने महान् प्रतिभाशाली और कर्मठ नेता खो दिया। सूत्रधार जी महान् साधक, तपस्वी और सिद्धान्तवादी थे। हाथी की समस्या की ओर समाज का ध्यान आकर्षित कर सूत्रधार जी ने जो सेवा की है वह भुलाई नहीं जा सकेगी। उनका नाम इतिहास में सदैव अमर रहेगा। ईश्वर उनकी आत्मा को शान्ति दे। हम पाँच मौन रहकर....।

अन्धा-1 : पाँच मिनट? तीन मिनट काफी हैं।

अन्धा-4 : सिर्फ एक मिनट।

अन्धा-3 : अच्छा दो मिनट।

अन्धा-2 : ठीक है दो मिनट।

अन्धी : हम दो मिनट मौन रहकर उनके प्रति श्रद्धांजलि अर्पित करते हैं।

[अन्धे कुछ क्षण मौन रखते हैं। इस बीच कोई खाँस लेता है, कोई बोर होकर मुँह बना लेता है; बड़बड़ा लेता है। उसके बाद वे प्रसन्नता से नाचने-ठुमकने लगते हैं। हाथी का गीत आरम्भ हो जाता है। इस बार 'हा हा हा' में क्रूर आनन्द की अभिव्यक्ति है।]

सब

हाथी....हा हा हा हाथी।
हा हा हा हाथी

[अन्धे नाचते-ठुमकते चले जाते हैं। सूत्रधार उठता है।]

सूत्रधार : मैं मरा नहीं हूँ। कैसे मरूँगा? सूत्रधार जो हूँ। यदि मर गया तो कल मंच पर हाथी लेकर कौन आएगा? और कल ही नहीं, आनेवाले अनन्त वर्षों तक यह काम मुझे ही करना है। अन्धे बार-बार मुझे मारेंगे, मैं बार-बार जन्म लूँगा। अच्छा, नमस्कार। और आइए।

[परदा]

●●●